Camina Mucho

Actividades Para Niños | Fracciones 4

ActivityCrusades

Publicado por Speedy Publishing Canada Limited

ActivityCrusades
activity books

FRACCIONES

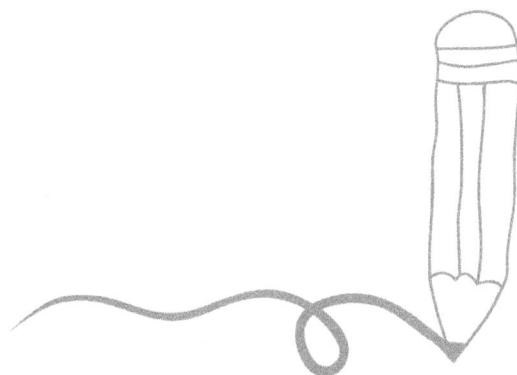

Escriba la cantidad sombreada como una fracción de la cantidad total. El primero de ellos está hecho para ti.

1)

2)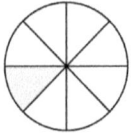

3)

4)

5)

6)

7)

8)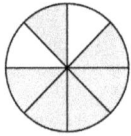

9)

10)

11)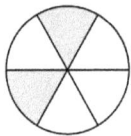

12)

13)

14)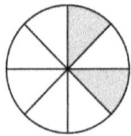

15)

16)

17)

18)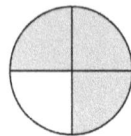

1. $\dfrac{1}{8}$

2. _____

3. _____

4. _____

5. _____

6. _____

7. _____

8. _____

9. _____

10. _____

11. _____

12. _____

13. _____

14. _____

15. _____

16. _____

17. _____

18. _____

2

1)

2)

3)

4)

5)

6)

7)

8)

9)

10)

11)

12)

13)

14)

15)

16)

17)

18)

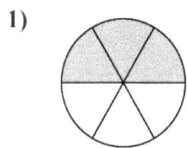

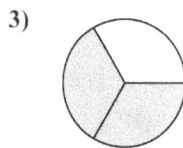

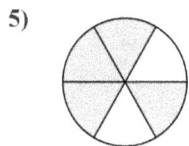

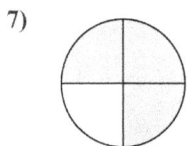

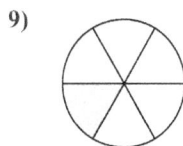

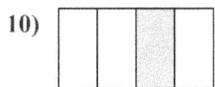

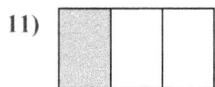

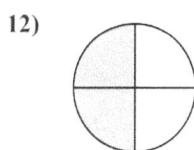

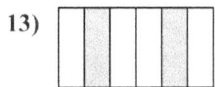

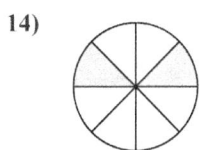

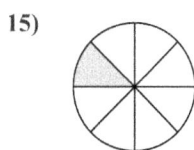

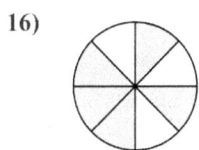

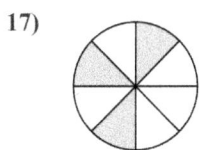

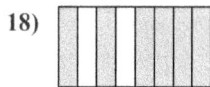

1. _____
2. _____
3. _____
4. _____
5. _____
6. _____
7. _____
8. _____
9. _____
10. _____
11. _____
12. _____
13. _____
14. _____
15. _____
16. _____
17. _____
18. _____

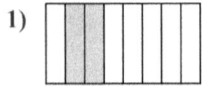

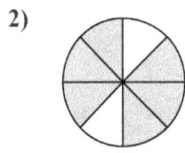

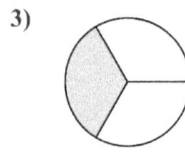

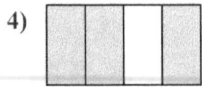

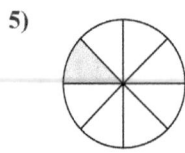

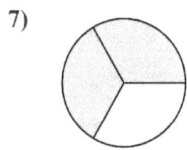

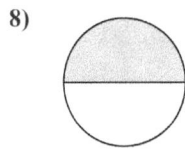

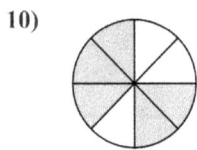

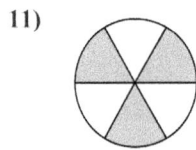

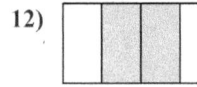

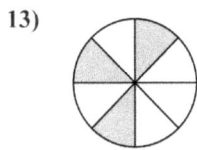

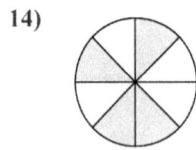

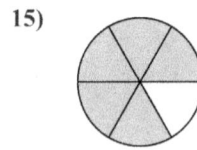

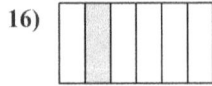

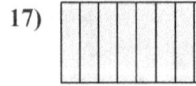

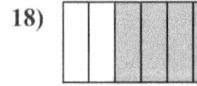

1)

2)

3)

4)

5)

6)

7)

8)

9)

10)

11)

12)

13)

14)

15)

16)

17)

18)

1. _____

2. _____

3. _____

4. _____

5. _____

6. _____

7. _____

8. _____

9. _____

10. _____

11. _____

12. _____

13. _____

14. _____

15. _____

16. _____

17. _____

18. _____

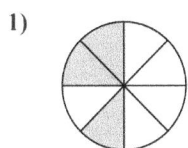

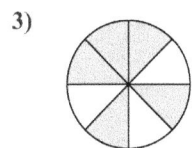

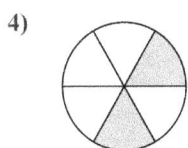

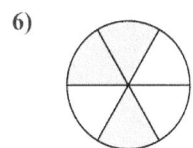

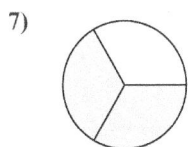

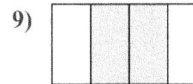

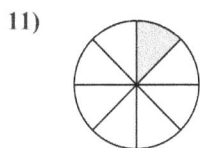

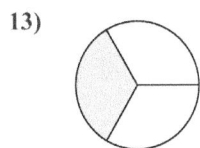

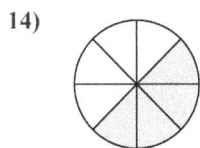

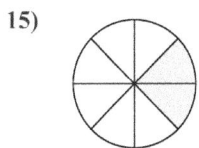

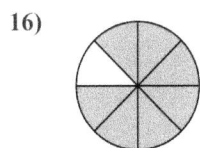

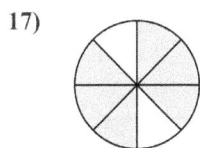

4

1) 2) 3)

4) 5) 6)

7) 8) 9)

10) 11) 12)

13) 14) 15)

16) 17) 18)

1. _____

2. _____

3. _____

4. _____

5. _____

6. _____

7. _____

8. _____

9. _____

10. _____

11. _____

12. _____

13. _____

14. _____

15. _____

16. _____

17. _____

18. _____

5

1)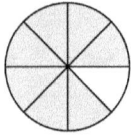

2)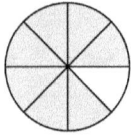

3)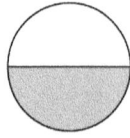

4)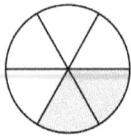

5)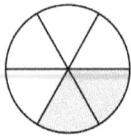

6)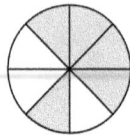

7)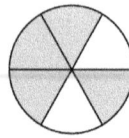

8)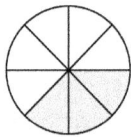

9)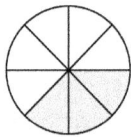

10)

11)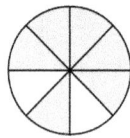

12)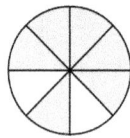

13)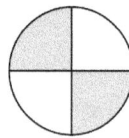

14)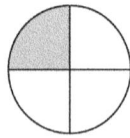

15)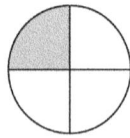

16)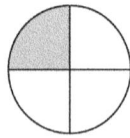

17)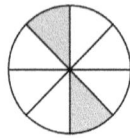

18)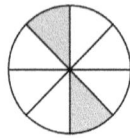

1. _____

2. _____

3. _____

4. _____

5. _____

6. _____

7. _____

8. _____

9. _____

10. _____

11. _____

12. _____

13. _____

14. _____

15. _____

16. _____

17. _____

18. _____

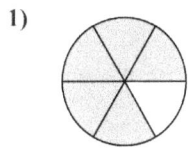

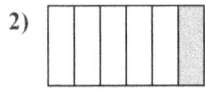

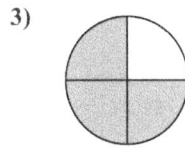

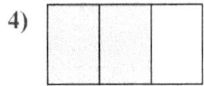

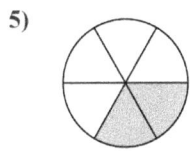

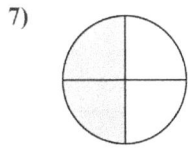

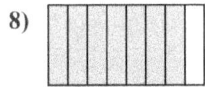

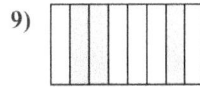

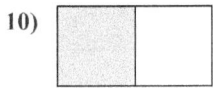

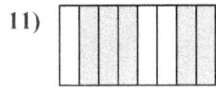

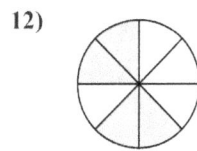

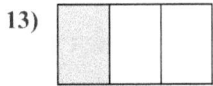

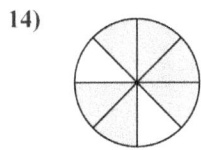

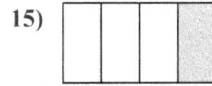

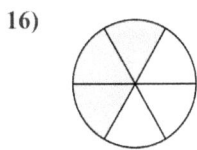

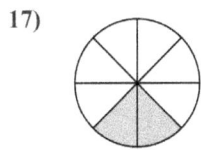

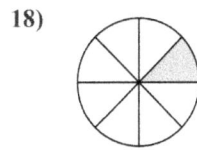

1)

2)

3)

4)

5)

6)

7)

8)

9)

10)

11)

12)

13)

14)

15)

16)

17)

18)

1. _____

2. _____

3. _____

4. _____

5. _____

6. _____

7. _____

8. _____

9. _____

10. _____

11. _____

12. _____

13. _____

14. _____

15. _____

16. _____

17. _____

18. _____

6

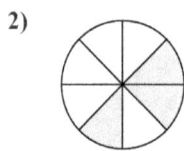

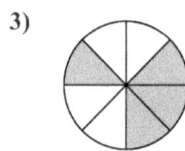

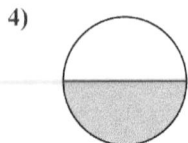

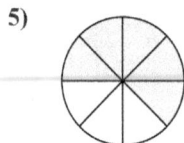

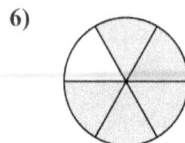

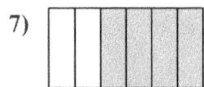

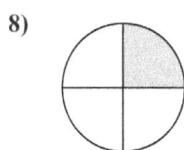

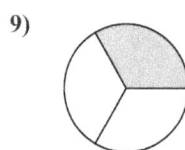

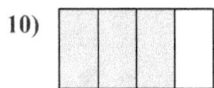

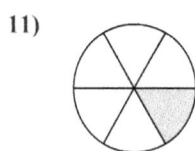

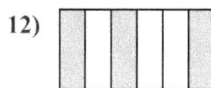

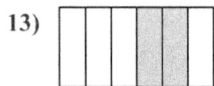

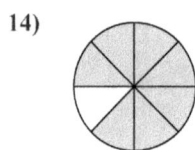

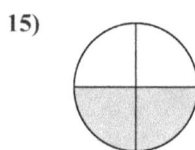

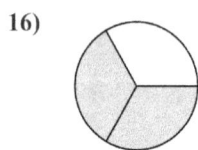

7

1)

2)

3)

4)

5)

6)

7)

8)

9)

10)

11)

12)

13)

14)

15)

16)

17)

18)

1. _____

2. _____

3. _____

4. _____

5. _____

6. _____

7. _____

8. _____

9. _____

10. _____

11. _____

12. _____

13. _____

14. _____

15. _____

16. _____

17. _____

18. _____

1)

2)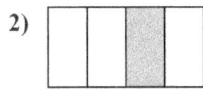

3)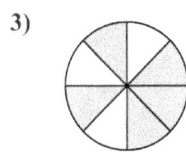

4)

5)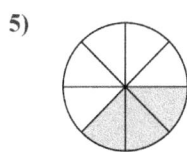

6)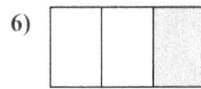

7)

8)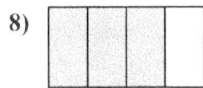

9)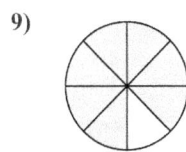

10)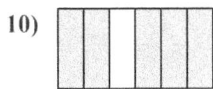

11)

12)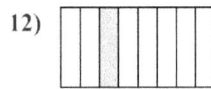

13)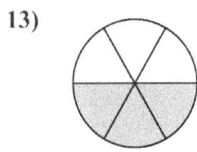

14)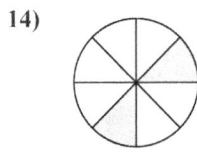

15)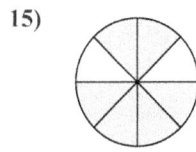

16)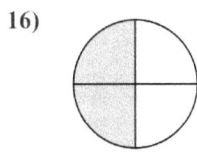

17)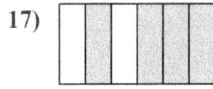

18)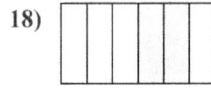

1. _____
2. _____
3. _____
4. _____
5. _____
6. _____
7. _____
8. _____
9. _____
10. _____
11. _____
12. _____
13. _____
14. _____
15. _____
16. _____
17. _____
18. _____

9

1)

2)

3)

4)

5)

6)

7)

8)

9)

10)

11)

12)

13)

14)

15)

16)

17)

18)

1. _____

2. _____

3. _____

4. _____

5. _____

6. _____

7. _____

8. _____

9. _____

10. _____

11. _____

12. _____

13. _____

14. _____

15. _____

16. _____

17. _____

18. _____

1)

2)

3)

4)

5)

6)

7)

8)

9)

10)

11)

12)

13)

14)

15)

16)

17)

18)

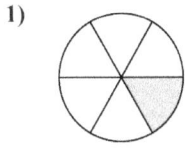

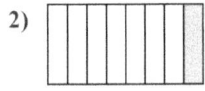

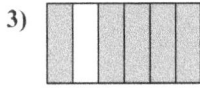

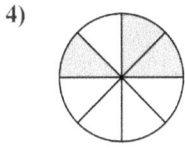

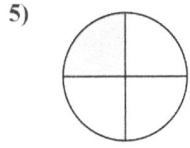

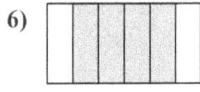

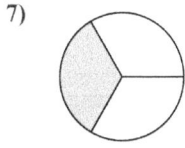

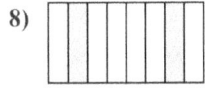

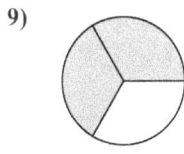

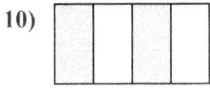

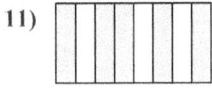

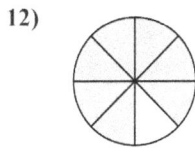

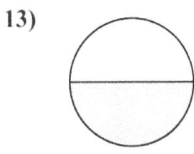

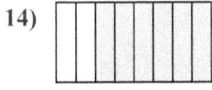

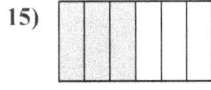

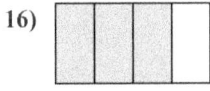

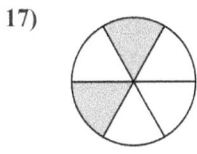

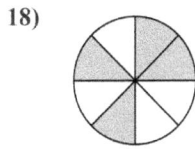

1. _____
2. _____
3. _____
4. _____
5. _____
6. _____
7. _____
8. _____
9. _____
10. _____
11. _____
12. _____
13. _____
14. _____
15. _____
16. _____
17. _____
18. _____

Determine qué opción (es) muestra la forma particionada para que cada pieza tenga el mismo área. Si no hay ninguno, escribe 'ninguno'. El primero de ellos está hecho para ti.

1) a.   b.   c.   d.

2) a.   b.   c.   d.

3) a.   b.   c.   d.

4) a.   b.   c.   d.

5) a.   b.   c.   d.

6) a.   b.   c.   d.

7) a.   b.   c.   d.

8) a.   b.   c.   d.

1.   A,B,C,D
2. _____
3. _____
4. _____
5. _____
6. _____
7. _____
8. _____

1)   a.   b.   c.   d.

2)   a.   b.   c.   d.

3)   a.   b.   c.   d.

4)   a.   b.   c.   d.

5)   a.   b.   c.   d.

6)   a.   b.   c.   d.

7)   a.   b.   c.   d.

8)   a.   b.   c.   d.

1. _____
2. _____
3. _____
4. _____
5. _____
6. _____
7. _____
8. _____

1) a.   b.   c.   d.

2) a.   b.   c.   d.

3) a.   b.   c.   d.

4) a.   b.   c.   d.

5) a.   b.   c.   d.

6) a.   b.   c.   d.

7) a.   b.   c.   d.

8) a.   b.   c.   d.

1. _____
2. _____
3. _____
4. _____
5. _____
6. _____
7. _____
8. _____

1)
a.   b.   c.   d.

2)
a.   b.   c.   d.

3)
a.   b.   c.   d.

4)
a.   b.   c.   d.

5)
a.   b.   c.   d.

6)
a.   b.   c.   d.

7)
a.   b.   c.   d.

8)
a.   b.   c.   d.

1. _____
2. _____
3. _____
4. _____
5. _____
6. _____
7. _____
8. _____

14

1) a.　　　　b.　　　　c.　　　　d.

2) a.　　　　b.　　　　c.　　　　d.

3) a.　　　　b.　　　　c.　　　　d.

4) a.　　　　b.　　　　c.　　　　d.

5) a.　　　　b.　　　　c.　　　　d.

6) a.　　　　b.　　　　c.　　　　d.

7) a.　　　　b.　　　　c.　　　　d.

8) a.　　　　b.　　　　c.　　　　d.

1. _____
2. _____
3. _____
4. _____
5. _____
6. _____
7. _____
8. _____

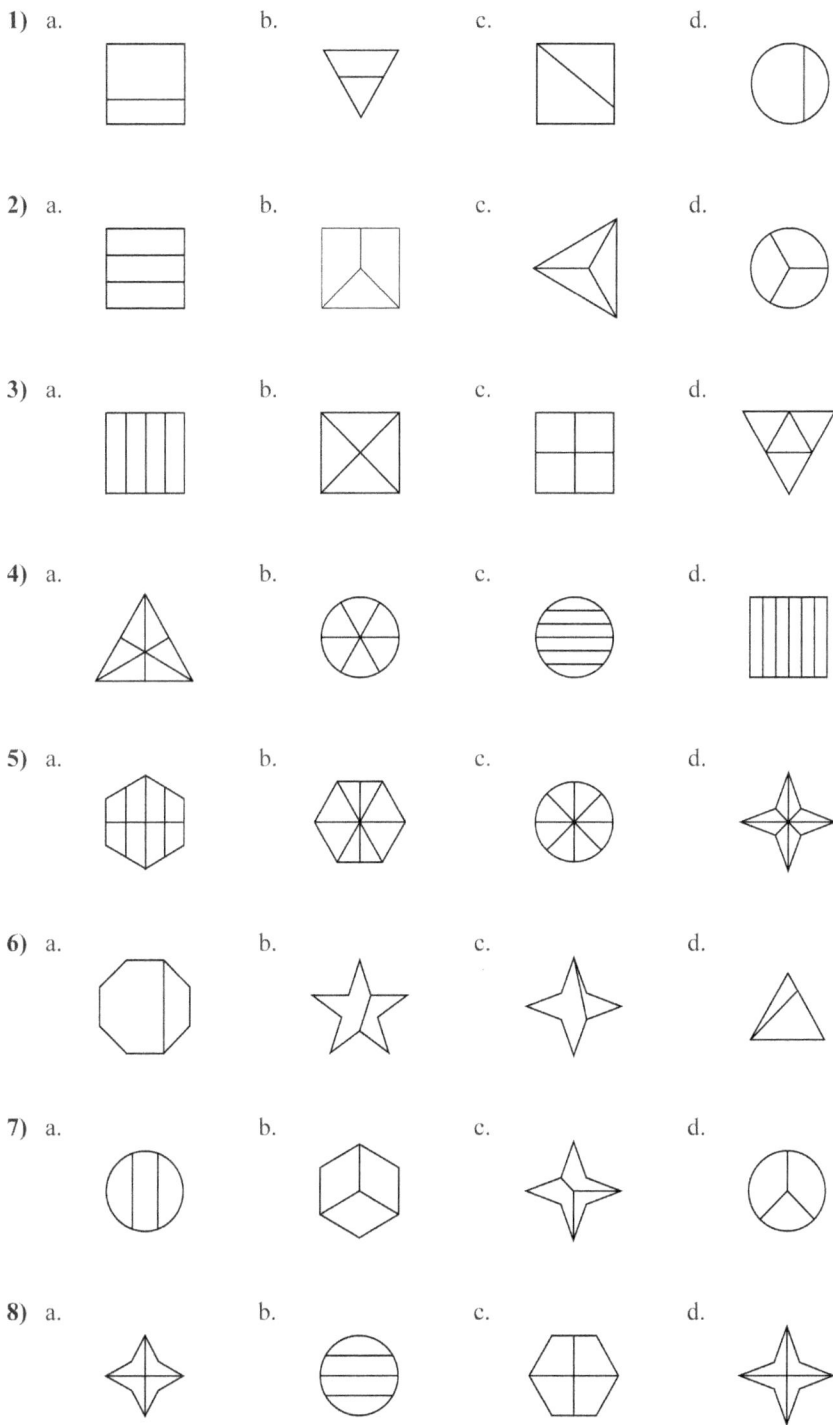

1) a.   b.   c.   d.

2) a.   b.   c.   d.

3) a.   b.   c.   d.

4) a.   b.   c.   d.

5) a.   b.   c.   d.

6) a.   b.   c.   d.

7) a.   b.   c.   d.

8) a.   b.   c.   d.

1. _____
2. _____
3. _____
4. _____
5. _____
6. _____
7. _____
8. _____

16

1) a.   b.   c.   d.

2) a.   b.   c.   d.

3) a.   b.   c.   d.

4) a.   b.   c.   d.

5) a.   b.   c.   d.

6) a.   b.   c.   d.

7) a.   b.   c.   d.

8) a.   b.   c.   d.

1. _____
2. _____
3. _____
4. _____
5. _____
6. _____
7. _____
8. _____

1) a.   b.   c.   d.

2) a.   b.   c.   d.

3) a.   b.   c.   d.

4) a.   b.   c.   d.

5) a.   b.   c.   d.

6) a.   b.   c.   d.

7) a.   b.   c.   d.

8) a.   b.   c.   d.

1. _____
2. _____
3. _____
4. _____
5. _____
6. _____
7. _____
8. _____

19

1) a.   b.   c.   d.

2) a.   b.   c.   d.

3) a.   b.   c.   d.

4) a.   b.   c.   d.

5) a.   b.   c.   d.

6) a.   b.   c.   d.

7) a.   b.   c.   d.

8) a.   b.   c.   d.

1. _____
2. _____
3. _____
4. _____
5. _____
6. _____
7. _____
8. _____

1) a.   b.   c.   d.

2) a.   b.   c.   d.

3) a.   b.   c.   d.

4) a.   b.   c.   d.

5) a.   b.   c.   d.

6) a.   b.   c.   d.

7) a.   b.   c.   d.

8) a.   b.   c.   d.

1. _____
2. _____
3. _____
4. _____
5. _____
6. _____
7. _____
8. _____

Determine si las fracciones que se muestran son iguales a 0, 1/2 o 1. La primera está hecha para usted.

1) $\dfrac{8}{8}$

2) $\dfrac{0}{7}$

3) $\dfrac{0}{8}$

4) $\dfrac{6}{12}$

5) $\dfrac{5}{10}$

6) $\dfrac{3}{3}$

7) $\dfrac{0}{6}$

8) $\dfrac{0}{4}$

9) $\dfrac{9}{18}$

10) $\dfrac{0}{2}$

11) $\dfrac{3}{6}$

12) $\dfrac{0}{9}$

13) $\dfrac{0}{5}$

14) $\dfrac{4}{4}$

15) $\dfrac{5}{5}$

16) $\dfrac{7}{7}$

17) $\dfrac{4}{8}$

18) $\dfrac{6}{6}$

19) $\dfrac{2}{2}$

20) $\dfrac{2}{4}$

1. ____1____
2. _____
3. _____
4. _____
5. _____
6. _____
7. _____
8. _____
9. _____
10. _____
11. _____
12. _____
13. _____
14. _____
15. _____
16. _____
17. _____
18. _____
19. _____

1) $\dfrac{0}{7}$ 2) $\dfrac{3}{3}$ 3) $\dfrac{5}{5}$ 4) $\dfrac{8}{16}$

5) $\dfrac{9}{18}$ 6) $\dfrac{0}{4}$ 7) $\dfrac{0}{6}$ 8) $\dfrac{3}{6}$

9) $\dfrac{4}{8}$ 10) $\dfrac{0}{2}$ 11) $\dfrac{6}{6}$ 12) $\dfrac{6}{12}$

13) $\dfrac{0}{3}$ 14) $\dfrac{2}{2}$ 15) $\dfrac{5}{10}$ 16) $\dfrac{0}{8}$

17) $\dfrac{0}{5}$ 18) $\dfrac{7}{14}$ 19) $\dfrac{8}{8}$ 20) $\dfrac{9}{9}$

1. _____
2. _____
3. _____
4. _____
5. _____
6. _____
7. _____
8. _____
9. _____
10. _____
11. _____
12. _____
13. _____
14. _____
15. _____
16. _____
17. _____
18. _____
19. _____

23

1) $\dfrac{0}{2}$ 2) $\dfrac{0}{4}$ 3) $\dfrac{2}{2}$ 4) $\dfrac{9}{18}$

5) $\dfrac{7}{7}$ 6) $\dfrac{0}{7}$ 7) $\dfrac{2}{4}$ 8) $\dfrac{0}{5}$

9) $\dfrac{0}{6}$ 10) $\dfrac{8}{8}$ 11) $\dfrac{9}{9}$ 12) $\dfrac{6}{12}$

13) $\dfrac{0}{8}$ 14) $\dfrac{6}{6}$ 15) $\dfrac{5}{10}$ 16) $\dfrac{7}{14}$

17) $\dfrac{8}{16}$ 18) $\dfrac{4}{4}$ 19) $\dfrac{4}{8}$ 20) $\dfrac{3}{3}$

1. _____
2. _____
3. _____
4. _____
5. _____
6. _____
7. _____
8. _____
9. _____
10. _____
11. _____
12. _____
13. _____
14. _____
15. _____
16. _____
17. _____
18. _____
19. _____

1) $\dfrac{7}{14}$ 2) $\dfrac{0}{3}$ 3) $\dfrac{3}{3}$ 4) $\dfrac{6}{6}$

5) $\dfrac{0}{5}$ 6) $\dfrac{4}{8}$ 7) $\dfrac{0}{2}$ 8) $\dfrac{3}{6}$

9) $\dfrac{9}{9}$ 10) $\dfrac{6}{12}$ 11) $\dfrac{9}{18}$ 12) $\dfrac{0}{8}$

13) $\dfrac{5}{10}$ 14) $\dfrac{8}{16}$ 15) $\dfrac{0}{6}$ 16) $\dfrac{7}{7}$

17) $\dfrac{5}{5}$ 18) $\dfrac{2}{2}$ 19) $\dfrac{0}{7}$ 20) $\dfrac{8}{8}$

1. _____
2. _____
3. _____
4. _____
5. _____
6. _____
7. _____
8. _____
9. _____
10. _____
11. _____
12. _____
13. _____
14. _____
15. _____
16. _____
17. _____
18. _____
19. _____

25

1) $\dfrac{5}{5}$ 2) $\dfrac{0}{4}$ 3) $\dfrac{3}{3}$ 4) $\dfrac{9}{9}$

5) $\dfrac{0}{6}$ 6) $\dfrac{4}{8}$ 7) $\dfrac{0}{8}$ 8) $\dfrac{0}{2}$

9) $\dfrac{6}{6}$ 10) $\dfrac{2}{2}$ 11) $\dfrac{6}{12}$ 12) $\dfrac{8}{8}$

13) $\dfrac{2}{4}$ 14) $\dfrac{8}{16}$ 15) $\dfrac{3}{6}$ 16) $\dfrac{7}{14}$

17) $\dfrac{0}{9}$ 18) $\dfrac{0}{7}$ 19) $\dfrac{5}{10}$ 20) $\dfrac{4}{4}$

1. _____
2. _____
3. _____
4. _____
5. _____
6. _____
7. _____
8. _____
9. _____
10. _____
11. _____
12. _____
13. _____
14. _____
15. _____
16. _____
17. _____
18. _____
19. _____

26

1) $\dfrac{8}{8}$

2) $\dfrac{2}{4}$

3) $\dfrac{3}{6}$

4) $\dfrac{0}{5}$

5) $\dfrac{0}{6}$

6) $\dfrac{4}{8}$

7) $\dfrac{0}{8}$

8) $\dfrac{6}{12}$

9) $\dfrac{0}{3}$

10) $\dfrac{0}{2}$

11) $\dfrac{4}{4}$

12) $\dfrac{7}{14}$

13) $\dfrac{0}{4}$

14) $\dfrac{9}{18}$

15) $\dfrac{2}{2}$

16) $\dfrac{3}{3}$

17) $\dfrac{5}{10}$

18) $\dfrac{6}{6}$

19) $\dfrac{0}{7}$

20) $\dfrac{5}{5}$

1. _____
2. _____
3. _____
4. _____
5. _____
6. _____
7. _____
8. _____
9. _____
10. _____
11. _____
12. _____
13. _____
14. _____
15. _____
16. _____
17. _____
18. _____
19. _____

27

1) $\dfrac{3}{6}$ 2) $\dfrac{0}{6}$ 3) $\dfrac{2}{2}$ 4) $\dfrac{0}{3}$

5) $\dfrac{2}{4}$ 6) $\dfrac{8}{16}$ 7) $\dfrac{7}{14}$ 8) $\dfrac{4}{8}$

9) $\dfrac{4}{4}$ 10) $\dfrac{0}{8}$ 11) $\dfrac{9}{9}$ 12) $\dfrac{5}{5}$

13) $\dfrac{7}{7}$ 14) $\dfrac{0}{5}$ 15) $\dfrac{0}{2}$ 16) $\dfrac{0}{7}$

17) $\dfrac{0}{9}$ 18) $\dfrac{6}{12}$ 19) $\dfrac{6}{6}$ 20) $\dfrac{9}{18}$

1. _____
2. _____
3. _____
4. _____
5. _____
6. _____
7. _____
8. _____
9. _____
10. _____
11. _____
12. _____
13. _____
14. _____
15. _____
16. _____
17. _____
18. _____
19. _____

28

1) $\dfrac{4}{8}$

2) $\dfrac{3}{6}$

3) $\dfrac{0}{3}$

4) $\dfrac{0}{6}$

5) $\dfrac{6}{12}$

6) $\dfrac{0}{5}$

7) $\dfrac{0}{9}$

8) $\dfrac{8}{16}$

9) $\dfrac{9}{9}$

10) $\dfrac{2}{4}$

11) $\dfrac{0}{7}$

12) $\dfrac{2}{2}$

13) $\dfrac{7}{7}$

14) $\dfrac{5}{10}$

15) $\dfrac{8}{8}$

16) $\dfrac{0}{2}$

17) $\dfrac{7}{14}$

18) $\dfrac{0}{4}$

19) $\dfrac{5}{5}$

20) $\dfrac{6}{6}$

1. _____
2. _____
3. _____
4. _____
5. _____
6. _____
7. _____
8. _____
9. _____
10. _____
11. _____
12. _____
13. _____
14. _____
15. _____
16. _____
17. _____
18. _____
19. _____

29

1) $\dfrac{9}{18}$　　2) $\dfrac{2}{4}$　　3) $\dfrac{5}{5}$　　4) $\dfrac{7}{7}$

5) $\dfrac{3}{6}$　　6) $\dfrac{3}{3}$　　7) $\dfrac{0}{3}$　　8) $\dfrac{0}{7}$

9) $\dfrac{0}{6}$　　10) $\dfrac{9}{9}$　　11) $\dfrac{8}{8}$　　12) $\dfrac{0}{4}$

13) $\dfrac{8}{16}$　　14) $\dfrac{0}{9}$　　15) $\dfrac{4}{8}$　　16) $\dfrac{5}{10}$

17) $\dfrac{0}{5}$　　18) $\dfrac{6}{12}$　　19) $\dfrac{4}{4}$　　20) $\dfrac{2}{2}$

1. _____
2. _____
3. _____
4. _____
5. _____
6. _____
7. _____
8. _____
9. _____
10. _____
11. _____
12. _____
13. _____
14. _____
15. _____
16. _____
17. _____
18. _____
19. _____

1) $\dfrac{5}{5}$

2) $\dfrac{7}{14}$

3) $\dfrac{5}{10}$

4) $\dfrac{3}{3}$

5) $\dfrac{4}{8}$

6) $\dfrac{0}{2}$

7) $\dfrac{6}{6}$

8) $\dfrac{0}{5}$

9) $\dfrac{3}{6}$

10) $\dfrac{0}{9}$

11) $\dfrac{8}{8}$

12) $\dfrac{0}{8}$

13) $\dfrac{9}{18}$

14) $\dfrac{0}{6}$

15) $\dfrac{0}{4}$

16) $\dfrac{4}{4}$

17) $\dfrac{0}{7}$

18) $\dfrac{2}{2}$

19) $\dfrac{6}{12}$

20) $\dfrac{7}{7}$

1. _____
2. _____
3. _____
4. _____
5. _____
6. _____
7. _____
8. _____
9. _____
10. _____
11. _____
12. _____
13. _____
14. _____
15. _____
16. _____
17. _____
18. _____
19. _____

Resolver el problema. Escribe tu respuesta como una fracción impropia (si es posible). El primero de ellos está hecho para ti.

1) $1\dfrac{1}{2} - 1\dfrac{1}{2} =$

2) $8\dfrac{2}{4} - 6\dfrac{3}{4} =$

3) $5\dfrac{2}{3} - 4\dfrac{1}{3} =$

4) $4\dfrac{3}{5} - 4\dfrac{1}{5} =$

5) $6\dfrac{1}{4} - 2\dfrac{1}{4} =$

6) $9\dfrac{1}{2} - 5\dfrac{1}{2} =$

7) $8\dfrac{1}{2} + 8\dfrac{1}{2} =$

8) $4\dfrac{1}{4} + 2\dfrac{1}{4} =$

9) $4\dfrac{3}{8} + 1\dfrac{7}{8} =$

10) $5\dfrac{7}{8} + 5\dfrac{4}{8} =$

11) $7\dfrac{5}{8} + 2\dfrac{7}{8} =$

12) $4\dfrac{4}{8} + 1\dfrac{5}{8} =$

1. $\dfrac{0}{2}$

2. _____

3. _____

4. _____

5. _____

6. _____

7. _____

8. _____

9. _____

10. _____

11. _____

12. _____

1) $7\frac{4}{5} - 5\frac{4}{5} =$

2) $7\frac{2}{3} - 5\frac{2}{3} =$

3) $7\frac{2}{3} - 6\frac{2}{3} =$

4) $9\frac{2}{10} - 1\frac{3}{10} =$

5) $6\frac{9}{10} - 1\frac{1}{10} =$

6) $9\frac{2}{3} - 6\frac{1}{3} =$

7) $5\frac{4}{6} + 2\frac{1}{6} =$

8) $7\frac{5}{8} + 5\frac{1}{8} =$

9) $8\frac{3}{10} + 1\frac{3}{10} =$

10) $2\frac{6}{8} + 1\frac{1}{8} =$

11) $8\frac{1}{4} + 3\frac{3}{4} =$

12) $7\frac{10}{12} + 2\frac{2}{12} =$

1. _____
2. _____
3. _____
4. _____
5. _____
6. _____
7. _____
8. _____
9. _____
10. _____
11. _____
12. _____

33

1) $4\dfrac{1}{3} - 2\dfrac{1}{3} =$

2) $5\dfrac{8}{10} - 4\dfrac{8}{10} =$

3) $5\dfrac{1}{2} - 2\dfrac{1}{2} =$

4) $9\dfrac{1}{5} - 3\dfrac{4}{5} =$

5) $8\dfrac{7}{12} - 1\dfrac{3}{12} =$

6) $9\dfrac{7}{12} - 3\dfrac{9}{12} =$

7) $6\dfrac{1}{4} + 3\dfrac{3}{4} =$

8) $8\dfrac{4}{5} + 2\dfrac{1}{5} =$

9) $2\dfrac{9}{12} + 1\dfrac{4}{12} =$

10) $3\dfrac{3}{4} + 3\dfrac{2}{4} =$

11) $9\dfrac{4}{8} + 2\dfrac{6}{8} =$

12) $1\dfrac{5}{10} + 1\dfrac{4}{10} =$

1. _____
2. _____
3. _____
4. _____
5. _____
6. _____
7. _____
8. _____
9. _____
10. _____
11. _____
12. _____

1) $4\frac{2}{6} - 3\frac{4}{6} =$

2) $6\frac{10}{12} - 1\frac{5}{12} =$

3) $9\frac{5}{12} - 7\frac{1}{12} =$

4) $6\frac{2}{5} - 3\frac{1}{5} =$

5) $8\frac{7}{10} - 4\frac{8}{10} =$

6) $9\frac{1}{2} - 7\frac{1}{2} =$

7) $7\frac{4}{12} + 5\frac{4}{12} =$

8) $8\frac{2}{3} + 6\frac{1}{3} =$

9) $3\frac{4}{5} + 2\frac{1}{5} =$

10) $9\frac{4}{8} + 7\frac{2}{8} =$

11) $7\frac{7}{8} + 4\frac{5}{8} =$

12) $8\frac{2}{3} + 5\frac{2}{3} =$

1. _____

2. _____

3. _____

4. _____

5. _____

6. _____

7. _____

8. _____

9. _____

10. _____

11. _____

12. _____

1) $7\frac{1}{6} - 3\frac{4}{6} =$

2) $6\frac{1}{12} - 3\frac{11}{12} =$

3) $8\frac{1}{4} - 6\frac{3}{4} =$

4) $7\frac{1}{2} - 6\frac{1}{2} =$

5) $6\frac{2}{5} - 5\frac{2}{5} =$

6) $8\frac{3}{5} - 2\frac{2}{5} =$

7) $7\frac{1}{10} + 4\frac{5}{10} =$

8) $9\frac{1}{12} + 8\frac{4}{12} =$

9) $8\frac{1}{5} + 5\frac{4}{5} =$

10) $8\frac{3}{10} + 7\frac{4}{10} =$

11) $8\frac{3}{4} + 4\frac{3}{4} =$

12) $7\frac{1}{3} + 3\frac{1}{3} =$

1. _____
2. _____
3. _____
4. _____
5. _____
6. _____
7. _____
8. _____
9. _____
10. _____
11. _____
12. _____

36

1) $7\frac{1}{6} - 3\frac{4}{6} =$

2) $6\frac{1}{12} - 3\frac{11}{12} =$

3) $8\frac{1}{4} - 6\frac{3}{4} =$

4) $7\frac{1}{2} - 6\frac{1}{2} =$

5) $6\frac{2}{5} - 5\frac{2}{5} =$

6) $8\frac{3}{5} - 2\frac{2}{5} =$

7) $7\frac{1}{10} + 4\frac{5}{10} =$

8) $9\frac{1}{12} + 8\frac{4}{12} =$

9) $8\frac{1}{5} + 5\frac{4}{5} =$

10) $8\frac{3}{10} + 7\frac{4}{10} =$

11) $8\frac{3}{4} + 4\frac{3}{4} =$

12) $7\frac{1}{3} + 3\frac{1}{3} =$

1. _____
2. _____
3. _____
4. _____
5. _____
6. _____
7. _____
8. _____
9. _____
10. _____
11. _____
12. _____

37

1) $8\frac{1}{10} - 2\frac{4}{10} =$

2) $9\frac{5}{12} - 7\frac{7}{12} =$

3) $7\frac{5}{10} - 2\frac{5}{10} =$

4) $9\frac{1}{12} - 3\frac{4}{12} =$

5) $7\frac{4}{5} - 5\frac{2}{5} =$

6) $5\frac{1}{4} - 3\frac{2}{4} =$

7) $4\frac{1}{5} + 2\frac{4}{5} =$

8) $8\frac{2}{8} + 5\frac{5}{8} =$

9) $9\frac{4}{6} + 8\frac{3}{6} =$

10) $4\frac{2}{10} + 3\frac{7}{10} =$

11) $6\frac{3}{8} + 1\frac{7}{8} =$

12) $7\frac{1}{2} + 3\frac{1}{2} =$

1. _____
2. _____
3. _____
4. _____
5. _____
6. _____
7. _____
8. _____
9. _____
10. _____
11. _____
12. _____

1) $8\frac{4}{8} - 6\frac{7}{8} =$

2) $5\frac{1}{12} - 3\frac{8}{12} =$

3) $8\frac{3}{4} - 8\frac{1}{4} =$

4) $4\frac{1}{3} - 1\frac{1}{3} =$

5) $6\frac{2}{4} - 3\frac{2}{4} =$

6) $6\frac{2}{8} - 1\frac{1}{8} =$

7) $4\frac{2}{3} + 3\frac{1}{3} =$

8) $8\frac{1}{6} + 4\frac{5}{6} =$

9) $6\frac{7}{10} + 5\frac{8}{10} =$

10) $8\frac{2}{10} + 3\frac{2}{10} =$

11) $4\frac{1}{2} + 2\frac{1}{2} =$

12) $7\frac{8}{10} + 2\frac{7}{10} =$

1. _____
2. _____
3. _____
4. _____
5. _____
6. _____
7. _____
8. _____
9. _____
10. _____
11. _____
12. _____

38

39

1) $5\dfrac{2}{4} - 3\dfrac{3}{4} =$

2) $9\dfrac{5}{8} - 6\dfrac{4}{8} =$

3) $9\dfrac{10}{12} - 9\dfrac{9}{12} =$

4) $5\dfrac{1}{2} - 4\dfrac{1}{2} =$

5) $9\dfrac{2}{3} - 5\dfrac{2}{3} =$

6) $5\dfrac{3}{5} - 4\dfrac{2}{5} =$

7) $7\dfrac{9}{12} + 1\dfrac{4}{12} =$

8) $5\dfrac{4}{10} + 4\dfrac{5}{10} =$

9) $7\dfrac{7}{8} + 5\dfrac{5}{8} =$

10) $6\dfrac{2}{6} + 5\dfrac{1}{6} =$

11) $4\dfrac{3}{5} + 1\dfrac{2}{5} =$

12) $1\dfrac{2}{3} + 1\dfrac{2}{3} =$

1. _____
2. _____
3. _____
4. _____
5. _____
6. _____
7. _____
8. _____
9. _____
10. _____
11. _____
12. _____

1) $9\frac{5}{12} - 6\frac{7}{12} =$

2) $5\frac{5}{8} - 1\frac{5}{8} =$

3) $5\frac{2}{6} - 3\frac{5}{6} =$

4) $7\frac{7}{8} - 6\frac{1}{8} =$

5) $7\frac{5}{12} - 3\frac{2}{12} =$

6) $1\frac{3}{5} - 1\frac{1}{5} =$

7) $6\frac{3}{5} + 3\frac{1}{5} =$

8) $7\frac{3}{6} + 7\frac{1}{6} =$

9) $9\frac{2}{3} + 6\frac{1}{3} =$

10) $6\frac{2}{3} + 4\frac{2}{3} =$

11) $9\frac{1}{4} + 5\frac{2}{4} =$

12) $5\frac{3}{8} + 2\frac{7}{8} =$

1. _____
2. _____
3. _____
4. _____
5. _____
6. _____
7. _____
8. _____
9. _____
10. _____
11. _____
12. _____

Usa reagrupación para resolver. Asegúrate de que tu respuesta no sea una fracción impropia. El primero de ellos está hecho para ti.

1) $2\frac{1}{3} - 1\frac{2}{3} =$

2) $3\frac{1}{4} - 1\frac{3}{4} =$

3) $6\frac{1}{8} - 4\frac{4}{8} =$

4) $2\frac{2}{7} - 1\frac{5}{7} =$

5) $10\frac{1}{3} - 1\frac{2}{3} =$

6) $7\frac{2}{5} - 2\frac{4}{5} =$

7) $4\frac{1}{10} - 1\frac{4}{10} =$

8) $5\frac{1}{7} - 2\frac{5}{7} =$

9) $9\frac{4}{9} - 3\frac{7}{9} =$

10) $8\frac{1}{3} - 6\frac{2}{3} =$

11) $8\frac{2}{4} - 5\frac{3}{4} =$

12) $2\frac{4}{8} - 1\frac{5}{8} =$

13) $5\frac{5}{7} - 1\frac{6}{7} =$

14) $8\frac{4}{10} - 3\frac{8}{10} =$

15) $6\frac{1}{3} - 2\frac{2}{3} =$

16) $9\frac{1}{7} - 7\frac{2}{7} =$

1. $\frac{2}{3}$

2. _____

3. _____

4. _____

5. _____

6. _____

7. _____

8. _____

9. _____

10. _____

11. _____

12. _____

13. _____

14. _____

15. _____

16. _____

1) $5\frac{3}{6} - 2\frac{4}{6} =$

2) $10\frac{1}{5} - 7\frac{2}{5} =$

3) $7\frac{2}{10} - 4\frac{8}{10} =$

4) $3\frac{1}{3} - 1\frac{2}{3} =$

5) $4\frac{1}{4} - 3\frac{2}{4} =$

6) $2\frac{1}{8} - 1\frac{2}{8} =$

7) $9\frac{4}{10} - 5\frac{8}{10} =$

8) $4\frac{1}{3} - 1\frac{2}{3} =$

9) $6\frac{1}{9} - 3\frac{4}{9} =$

10) $5\frac{1}{3} - 1\frac{2}{3} =$

11) $8\frac{1}{3} - 1\frac{2}{3} =$

12) $6\frac{1}{5} - 4\frac{2}{5} =$

13) $5\frac{1}{9} - 3\frac{7}{9} =$

14) $6\frac{1}{7} - 5\frac{3}{7} =$

15) $6\frac{2}{6} - 3\frac{3}{6} =$

16) $9\frac{5}{8} - 3\frac{6}{8} =$

1. _____

2. _____

3. _____

4. _____

5. _____

6. _____

7. _____

8. _____

9. _____

10. _____

11. _____

12. _____

13. _____

14. _____

15. _____

16. _____

1) $6\dfrac{6}{9} - 5\dfrac{7}{9} =$

2) $9\dfrac{1}{8} - 7\dfrac{2}{8} =$

3) $10\dfrac{8}{10} - 2\dfrac{9}{10} =$

4) $6\dfrac{4}{7} - 3\dfrac{6}{7} =$

5) $2\dfrac{1}{3} - 1\dfrac{2}{3} =$

6) $8\dfrac{1}{4} - 3\dfrac{3}{4} =$

7) $4\dfrac{2}{10} - 1\dfrac{5}{10} =$

8) $2\dfrac{8}{10} - 1\dfrac{9}{10} =$

9) $6\dfrac{1}{4} - 2\dfrac{3}{4} =$

10) $10\dfrac{1}{3} - 7\dfrac{2}{3} =$

11) $6\dfrac{1}{7} - 4\dfrac{2}{7} =$

12) $3\dfrac{2}{5} - 1\dfrac{3}{5} =$

13) $5\dfrac{1}{6} - 4\dfrac{2}{6} =$

14) $9\dfrac{1}{3} - 4\dfrac{2}{3} =$

15) $7\dfrac{1}{10} - 6\dfrac{3}{10} =$

16) $10\dfrac{1}{6} - 4\dfrac{3}{6} =$

1. _____
2. _____
3. _____
4. _____
5. _____
6. _____
7. _____
8. _____
9. _____
10. _____
11. _____
12. _____
13. _____
14. _____
15. _____
16. _____

44

1) $4\dfrac{1}{3} - 2\dfrac{2}{3} =$

2) $5\dfrac{2}{7} - 3\dfrac{6}{7} =$

3) $4\dfrac{2}{8} - 3\dfrac{5}{8} =$

4) $5\dfrac{1}{3} - 3\dfrac{2}{3} =$

5) $9\dfrac{2}{10} - 3\dfrac{3}{10} =$

6) $10\dfrac{2}{7} - 9\dfrac{3}{7} =$

7) $6\dfrac{2}{10} - 2\dfrac{5}{10} =$

8) $2\dfrac{1}{6} - 1\dfrac{2}{6} =$

9) $9\dfrac{2}{7} - 1\dfrac{3}{7} =$

10) $6\dfrac{6}{9} - 5\dfrac{7}{9} =$

11) $6\dfrac{1}{3} - 4\dfrac{2}{3} =$

12) $5\dfrac{4}{6} - 2\dfrac{5}{6} =$

13) $7\dfrac{1}{10} - 5\dfrac{2}{10} =$

14) $5\dfrac{1}{4} - 1\dfrac{3}{4} =$

15) $6\dfrac{2}{10} - 5\dfrac{4}{10} =$

16) $7\dfrac{3}{7} - 2\dfrac{5}{7} =$

1. _____

2. _____

3. _____

4. _____

5. _____

6. _____

7. _____

8. _____

9. _____

10. _____

11. _____

12. _____

13. _____

14. _____

15. _____

16. _____

1) $10\frac{1}{4} - 2\frac{2}{4} =$

2) $4\frac{6}{9} - 1\frac{8}{9} =$

3) $9\frac{1}{3} - 5\frac{2}{3} =$

4) $8\frac{1}{6} - 6\frac{4}{6} =$

5) $6\frac{2}{8} - 1\frac{5}{8} =$

6) $3\frac{1}{8} - 2\frac{6}{8} =$

7) $6\frac{2}{9} - 5\frac{6}{9} =$

8) $10\frac{1}{7} - 7\frac{5}{7} =$

9) $8\frac{1}{3} - 2\frac{2}{3} =$

10) $2\frac{1}{5} - 1\frac{3}{5} =$

11) $4\frac{1}{4} - 1\frac{2}{4} =$

12) $6\frac{1}{6} - 1\frac{2}{6} =$

13) $6\frac{3}{10} - 5\frac{7}{10} =$

14) $8\frac{1}{8} - 2\frac{2}{8} =$

15) $3\frac{1}{6} - 2\frac{4}{6} =$

16) $8\frac{2}{7} - 2\frac{3}{7} =$

1. _____
2. _____
3. _____
4. _____
5. _____
6. _____
7. _____
8. _____
9. _____
10. _____
11. _____
12. _____
13. _____
14. _____
15. _____
16. _____

1) $8\dfrac{1}{4} - 7\dfrac{2}{4} =$

2) $7\dfrac{2}{5} - 4\dfrac{4}{5} =$

3) $8\dfrac{4}{8} - 3\dfrac{6}{8} =$

4) $7\dfrac{3}{9} - 5\dfrac{5}{9} =$

5) $2\dfrac{2}{5} - 1\dfrac{3}{5} =$

6) $5\dfrac{2}{10} - 1\dfrac{3}{10} =$

7) $2\dfrac{1}{7} - 1\dfrac{2}{7} =$

8) $9\dfrac{2}{4} - 5\dfrac{3}{4} =$

9) $2\dfrac{7}{9} - 1\dfrac{8}{9} =$

10) $9\dfrac{1}{8} - 1\dfrac{5}{8} =$

11) $2\dfrac{1}{8} - 1\dfrac{2}{8} =$

12) $2\dfrac{4}{10} - 1\dfrac{8}{10} =$

13) $5\dfrac{1}{3} - 4\dfrac{2}{3} =$

14) $10\dfrac{3}{10} - 7\dfrac{7}{10} =$

15) $10\dfrac{1}{4} - 5\dfrac{2}{4} =$

16) $4\dfrac{2}{5} - 2\dfrac{4}{5} =$

1. _____
2. _____
3. _____
4. _____
5. _____
6. _____
7. _____
8. _____
9. _____
10. _____
11. _____
12. _____
13. _____
14. _____
15. _____
16. _____

47

1) $2\frac{1}{4} - 1\frac{2}{4} =$

2) $7\frac{1}{3} - 6\frac{2}{3} =$

3) $9\frac{1}{8} - 7\frac{4}{8} =$

4) $8\frac{1}{6} - 1\frac{4}{6} =$

5) $10\frac{1}{3} - 2\frac{2}{3} =$

6) $8\frac{3}{7} - 7\frac{4}{7} =$

7) $5\frac{4}{8} - 4\frac{5}{8} =$

8) $8\frac{1}{8} - 6\frac{2}{8} =$

9) $10\frac{1}{6} - 5\frac{2}{6} =$

10) $7\frac{1}{4} - 3\frac{2}{4} =$

11) $4\frac{1}{7} - 2\frac{5}{7} =$

12) $4\frac{1}{7} - 2\frac{2}{7} =$

13) $7\frac{3}{6} - 6\frac{4}{6} =$

14) $4\frac{1}{4} - 1\frac{3}{4} =$

15) $2\frac{1}{5} - 1\frac{2}{5} =$

16) $5\frac{1}{5} - 3\frac{3}{5} =$

1. _____
2. _____
3. _____
4. _____
5. _____
6. _____
7. _____
8. _____
9. _____
10. _____
11. _____
12. _____
13. _____
14. _____
15. _____
16. _____

1) $7\dfrac{2}{10} - 6\dfrac{3}{10} =$

2) $2\dfrac{1}{4} - 1\dfrac{3}{4} =$

3) $7\dfrac{1}{6} - 6\dfrac{2}{6} =$

4) $6\dfrac{3}{10} - 5\dfrac{4}{10} =$

5) $2\dfrac{1}{3} - 1\dfrac{2}{3} =$

6) $10\dfrac{5}{9} - 4\dfrac{7}{9} =$

7) $9\dfrac{1}{8} - 8\dfrac{2}{8} =$

8) $7\dfrac{2}{5} - 4\dfrac{4}{5} =$

9) $4\dfrac{4}{7} - 1\dfrac{5}{7} =$

10) $4\dfrac{3}{10} - 1\dfrac{7}{10} =$

11) $10\dfrac{1}{5} - 7\dfrac{3}{5} =$

12) $2\dfrac{4}{7} - 1\dfrac{6}{7} =$

13) $5\dfrac{1}{3} - 4\dfrac{2}{3} =$

14) $9\dfrac{2}{5} - 3\dfrac{3}{5} =$

15) $9\dfrac{1}{3} - 8\dfrac{2}{3} =$

16) $10\dfrac{1}{5} - 8\dfrac{3}{5} =$

1. _____
2. _____
3. _____
4. _____
5. _____
6. _____
7. _____
8. _____
9. _____
10. _____
11. _____
12. _____
13. _____
14. _____
15. _____
16. _____

49

1) $5\frac{1}{5} - 2\frac{2}{5} =$

2) $8\frac{1}{5} - 2\frac{3}{5} =$

3) $4\frac{1}{5} - 2\frac{4}{5} =$

4) $4\frac{1}{8} - 3\frac{5}{8} =$

5) $7\frac{4}{8} - 3\frac{7}{8} =$

6) $6\frac{1}{6} - 5\frac{4}{6} =$

7) $2\frac{3}{6} - 1\frac{4}{6} =$

8) $10\frac{1}{6} - 6\frac{4}{6} =$

9) $6\frac{1}{3} - 3\frac{2}{3} =$

10) $5\frac{1}{5} - 2\frac{4}{5} =$

11) $2\frac{2}{4} - 1\frac{3}{4} =$

12) $10\frac{1}{3} - 7\frac{2}{3} =$

13) $2\frac{2}{10} - 1\frac{4}{10} =$

14) $10\frac{3}{8} - 7\frac{7}{8} =$

15) $3\frac{5}{10} - 2\frac{9}{10} =$

16) $7\frac{2}{10} - 3\frac{9}{10} =$

1. _____

2. _____

3. _____

4. _____

5. _____

6. _____

7. _____

8. _____

9. _____

10. _____

11. _____

12. _____

13. _____

14. _____

15. _____

16. _____

1) $9\frac{5}{9} - 4\frac{7}{9} =$

2) $10\frac{4}{8} - 1\frac{6}{8} =$

3) $7\frac{1}{8} - 2\frac{3}{8} =$

4) $8\frac{1}{8} - 1\frac{2}{8} =$

5) $7\frac{1}{3} - 6\frac{2}{3} =$

6) $6\frac{2}{8} - 5\frac{6}{8} =$

7) $7\frac{1}{5} - 3\frac{3}{5} =$

8) $3\frac{2}{7} - 1\frac{3}{7} =$

9) $8\frac{5}{10} - 1\frac{9}{10} =$

10) $6\frac{1}{3} - 2\frac{2}{3} =$

11) $3\frac{5}{10} - 2\frac{6}{10} =$

12) $3\frac{2}{4} - 2\frac{3}{4} =$

13) $3\frac{2}{5} - 2\frac{3}{5} =$

14) $10\frac{1}{8} - 8\frac{2}{8} =$

15) $2\frac{3}{7} - 1\frac{5}{7} =$

16) $6\frac{1}{8} - 2\frac{7}{8} =$

1. _____
2. _____
3. _____
4. _____
5. _____
6. _____
7. _____
8. _____
9. _____
10. _____
11. _____
12. _____
13. _____
14. _____
15. _____
16. _____

Haga coincidir cada ecuación y escriba la respuesta.
El primero de ellos está hecho para ti.

Ex) $\frac{1}{4} + \frac{1}{4}$

1) $\frac{1}{6} + \frac{1}{6}$

2) $\frac{1}{4} + \frac{1}{4} + \frac{1}{4}$

3) $\frac{1}{12} + \frac{1}{12} + \frac{1}{12}$

4) $\frac{1}{5} + \frac{1}{5} + \frac{1}{5} + \frac{1}{5}$

5) $\frac{1}{10} + \frac{1}{10} + \frac{1}{10} + \frac{1}{10} + \frac{1}{10} + \frac{1}{10} + \frac{1}{10}$

6) $\frac{1}{12} + \frac{1}{12} + \frac{1}{12} + \frac{1}{12}$

7) $\frac{1}{5} + \frac{1}{5} + \frac{1}{5}$

8) $\frac{1}{5} + \frac{1}{5}$

9) $\frac{1}{6} + \frac{1}{6} + \frac{1}{6} + \frac{1}{6} + \frac{1}{6}$

10) $\frac{1}{3} + \frac{1}{3}$

11) $\frac{1}{10} + \frac{1}{10} + \frac{1}{10} + \frac{1}{10} + \frac{1}{10}$

12) $\frac{1}{12} + \frac{1}{12} + \frac{1}{12} + \frac{1}{12} + \frac{1}{12} + \frac{1}{12}$

13) $\frac{1}{10} + \frac{1}{10} + \frac{1}{10}$

14) $\frac{1}{8} + \frac{1}{8}$

15) $\frac{1}{8} + \frac{1}{8} + \frac{1}{8} + \frac{1}{8} + \frac{1}{8} + \frac{1}{8} + \frac{1}{8}$

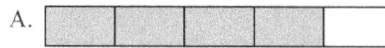

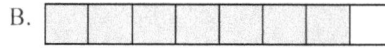

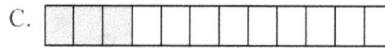

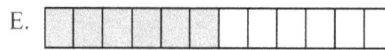

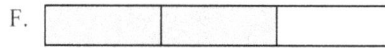

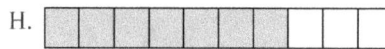

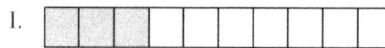

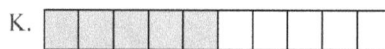

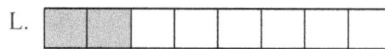

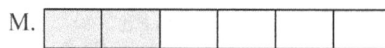

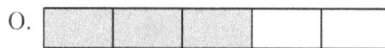

A.

B.

C.

D.

E.

F.

G.

H.

I.

J.

K.

L.

M.

N.

O.

P.

Ex. **D** $\frac{2}{4}$

1. _____

2. _____

3. _____

4. _____

5. _____

6. _____

7. _____

8. _____

9. _____

10. _____

11. _____

12. _____

13. _____

14. _____

15. _____

Ex) $\frac{1}{10} + \frac{1}{10}$

1) $\frac{1}{3} + \frac{1}{3}$

2) $\frac{1}{5} + \frac{1}{5} + \frac{1}{5}$

3) $\frac{1}{6} + \frac{1}{6}$

4) $\frac{1}{4} + \frac{1}{4} + \frac{1}{4}$

5) $\frac{1}{10} + \frac{1}{10} + \frac{1}{10} + \frac{1}{10} + \frac{1}{10}$

6) $\frac{1}{12} + \frac{1}{12} + \frac{1}{12} + \frac{1}{12}$

7) $\frac{1}{6} + \frac{1}{6} + \frac{1}{6} + \frac{1}{6}$

8) $\frac{1}{12} + \frac{1}{12} + \frac{1}{12} + \frac{1}{12} + \frac{1}{12} + \frac{1}{12}$

9) $\frac{1}{10} + \frac{1}{10} + \frac{1}{10} + \frac{1}{10} + \frac{1}{10} + \frac{1}{10}$

10) $\frac{1}{8} + \frac{1}{8} + \frac{1}{8} + \frac{1}{8} + \frac{1}{8}$

11) $\frac{1}{12} + \frac{1}{12} + \frac{1}{12}$

12) $\frac{1}{12} + \frac{1}{12} + \frac{1}{12} + \frac{1}{12} + \frac{1}{12}$

13) $\frac{1}{5} + \frac{1}{5}$

14) $\frac{1}{4} + \frac{1}{4}$

15) $\frac{1}{8} + \frac{1}{8}$

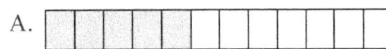

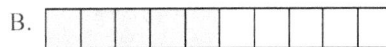

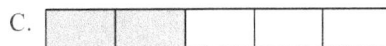

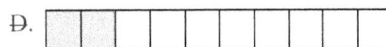

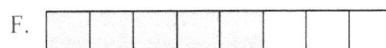

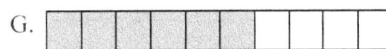

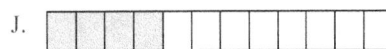

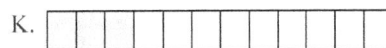

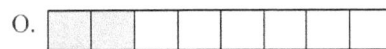

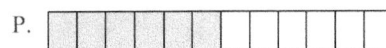

A.

B.

C.

Đ.

E.

F.

G.

H.

I.

J.

K.

L.

M.

N.

O.

P.

Ex. _____ D _____ $\frac{2}{10}$

1. _____

2. _____

3. _____

4. _____

5. _____

6. _____

7. _____

8. _____

9. _____

10. _____

11. _____

12. _____

13. _____

14. _____

15. _____

53

Ex) $\frac{1}{3} + \frac{1}{3}$

A.

Ex. _____ J __ $\frac{2}{3}$

1) $\frac{1}{6} + \frac{1}{6} + \frac{1}{6}$

B.

1. _____

2) $\frac{1}{8} + \frac{1}{8} + \frac{1}{8} + \frac{1}{8}$

C.

2. _____

3) $\frac{1}{4} + \frac{1}{4}$

D.

3. _____

4. _____

4) $\frac{1}{5} + \frac{1}{5} + \frac{1}{5}$

E.

5. _____

5) $\frac{1}{5} + \frac{1}{5}$

F.

6. _____

6) $\frac{1}{12} + \frac{1}{12} + \frac{1}{12} + \frac{1}{12} + \frac{1}{12} + \frac{1}{12} + \frac{1}{12}$

G.

7. _____

7) $\frac{1}{12} + \frac{1}{12} + \frac{1}{12} + \frac{1}{12} + \frac{1}{12} + \frac{1}{12}$

H.

8. _____

9. _____

8) $\frac{1}{6} + \frac{1}{6} + \frac{1}{6} + \frac{1}{6} + \frac{1}{6}$

I.

10. _____

9) $\frac{1}{4} + \frac{1}{4} + \frac{1}{4}$

J.

11. _____

10) $\frac{1}{10} + \frac{1}{10} + \frac{1}{10} + \frac{1}{10} + \frac{1}{10} + \frac{1}{10} + \frac{1}{10}$

K.

12. _____

11) $\frac{1}{8} + \frac{1}{8} + \frac{1}{8} + \frac{1}{8} + \frac{1}{8} + \frac{1}{8} + \frac{1}{8}$

L.

13. _____

12) $\frac{1}{5} + \frac{1}{5} + \frac{1}{5} + \frac{1}{5}$

M.

14. _____

13) $\frac{1}{12} + \frac{1}{12} + \frac{1}{12} + \frac{1}{12}$

N.

15. _____

14) $\frac{1}{12} + \frac{1}{12} + \frac{1}{12}$

O.

15) $\frac{1}{6} + \frac{1}{6} + \frac{1}{6} + \frac{1}{6}$

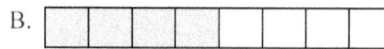

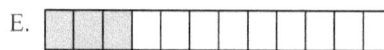

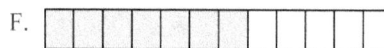

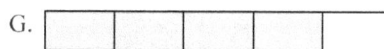

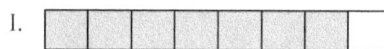

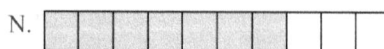

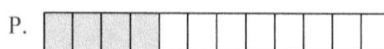

P.

Ex) $\frac{1}{4} + \frac{1}{4}$

A.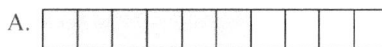

1) $\frac{1}{8} + \frac{1}{8} + \frac{1}{8} + \frac{1}{8} + \frac{1}{8}$

B.

2) $\frac{1}{6} + \frac{1}{6}$

C.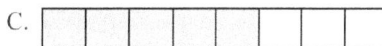

3) $\frac{1}{10} + \frac{1}{10} + \frac{1}{10} + \frac{1}{10} + \frac{1}{10} + \frac{1}{10}$

D.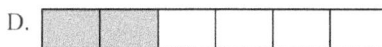

4) $\frac{1}{8} + \frac{1}{8} + \frac{1}{8} + \frac{1}{8}$

E.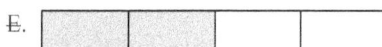

5) $\frac{1}{12} + \frac{1}{12} + \frac{1}{12} + \frac{1}{12} + \frac{1}{12} + \frac{1}{12}$

F.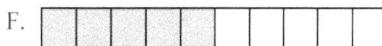

6) $\frac{1}{10} + \frac{1}{10} + \frac{1}{10} + \frac{1}{10} + \frac{1}{10} + \frac{1}{10} + \frac{1}{10}$

G.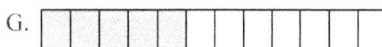

7) $\frac{1}{10} + \frac{1}{10} + \frac{1}{10} + \frac{1}{10} + \frac{1}{10}$

H.

8) $\frac{1}{4} + \frac{1}{4} + \frac{1}{4}$

I.

9) $\frac{1}{5} + \frac{1}{5} + \frac{1}{5}$

J.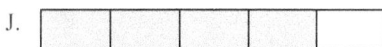

10) $\frac{1}{12} + \frac{1}{12} + \frac{1}{12}$

K.

11) $\frac{1}{6} + \frac{1}{6} + \frac{1}{6} + \frac{1}{6} + \frac{1}{6}$

L.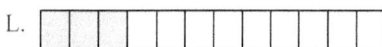

12) $\frac{1}{12} + \frac{1}{12} + \frac{1}{12} + \frac{1}{12} + \frac{1}{12}$

M.

13) $\frac{1}{10} + \frac{1}{10}$

N.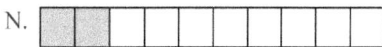

14) $\frac{1}{5} + \frac{1}{5} + \frac{1}{5} + \frac{1}{5}$

O.

15) $\frac{1}{3} + \frac{1}{3}$

P.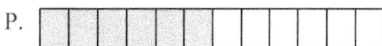

Ex. E $\frac{2}{4}$

1. ____
2. ____
3. ____
4. ____
5. ____
6. ____
7. ____
8. ____
9. ____
10. ____
11. ____
12. ____
13. ____
14. ____
15. ____

Ex) $\frac{1}{8} + \frac{1}{8} + \frac{1}{8}$

1) $\frac{1}{5} + \frac{1}{5}$

2) $\frac{1}{4} + \frac{1}{4}$

3) $\frac{1}{12} + \frac{1}{12} + \frac{1}{12}$

4) $\frac{1}{6} + \frac{1}{6} + \frac{1}{6} + \frac{1}{6}$

5) $\frac{1}{10} + \frac{1}{10}$

6) $\frac{1}{12} + \frac{1}{12} + \frac{1}{12} + \frac{1}{12} + \frac{1}{12} + \frac{1}{12}$

7) $\frac{1}{5} + \frac{1}{5} + \frac{1}{5} + \frac{1}{5}$

8) $\frac{1}{3} + \frac{1}{3}$

9) $\frac{1}{12} + \frac{1}{12}$

10) $\frac{1}{10} + \frac{1}{10} + \frac{1}{10} + \frac{1}{10} + \frac{1}{10} + \frac{1}{10}$

11) $\frac{1}{10} + \frac{1}{10} + \frac{1}{10} + \frac{1}{10} + \frac{1}{10}$

12) $\frac{1}{4} + \frac{1}{4} + \frac{1}{4}$

13) $\frac{1}{8} + \frac{1}{8} + \frac{1}{8} + \frac{1}{8}$

14) $\frac{1}{12} + \frac{1}{12} + \frac{1}{12} + \frac{1}{12} + \frac{1}{12}$

15) $\frac{1}{8} + \frac{1}{8} + \frac{1}{8} + \frac{1}{8} + \frac{1}{8} + \frac{1}{8}$

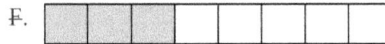

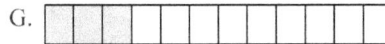

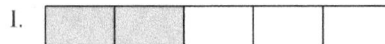

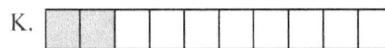

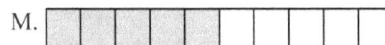

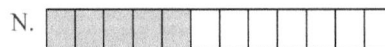

A.
B.
C.
D.
E.
F.
G.
H.
I.
J.
K.
L.
M.
N.
O.
P.

Ex. ___ F $\frac{3}{8}$

1. _____

2. _____

3. _____

4. _____

5. _____

6. _____

7. _____

8. _____

9. _____

10. _____

11. _____

12. _____

13. _____

14. _____

15. _____

56

Ex) $\frac{1}{3} + \frac{1}{3}$

A.

1) $\frac{1}{5} + \frac{1}{5} + \frac{1}{5} + \frac{1}{5}$

B.

2) $\frac{1}{8} + \frac{1}{8} + \frac{1}{8} + \frac{1}{8} + \frac{1}{8} + \frac{1}{8} + \frac{1}{8}$

C.

3) $\frac{1}{8} + \frac{1}{8} + \frac{1}{8} + \frac{1}{8}$

Đ.

4) $\frac{1}{10} + \frac{1}{10} + \frac{1}{10} + \frac{1}{10} + \frac{1}{10}$

E.

5) $\frac{1}{12} + \frac{1}{12} + \frac{1}{12} + \frac{1}{12} + \frac{1}{12}$

F.

6) $\frac{1}{4} + \frac{1}{4} + \frac{1}{4}$

G.

7) $\frac{1}{10} + \frac{1}{10}$

H.

8) $\frac{1}{6} + \frac{1}{6} + \frac{1}{6} + \frac{1}{6}$

I.

9) $\frac{1}{12} + \frac{1}{12} + \frac{1}{12} + \frac{1}{12} + \frac{1}{12} + \frac{1}{12}$

J.

10) $\frac{1}{10} + \frac{1}{10} + \frac{1}{10}$

K.

11) $\frac{1}{12} + \frac{1}{12} + \frac{1}{12} + \frac{1}{12} + \frac{1}{12} + \frac{1}{12} + \frac{1}{12}$

L.

12) $\frac{1}{10} + \frac{1}{10} + \frac{1}{10} + \frac{1}{10} + \frac{1}{10} + \frac{1}{10} + \frac{1}{10}$

M.

13) $\frac{1}{8} + \frac{1}{8} + \frac{1}{8}$

N.

14) $\frac{1}{5} + \frac{1}{5} + \frac{1}{5}$

O.

15) $\frac{1}{6} + \frac{1}{6} + \frac{1}{6}$

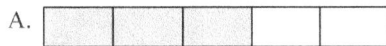

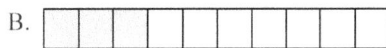

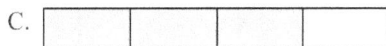

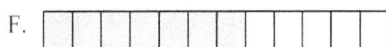

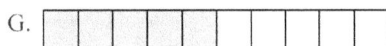

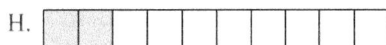

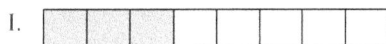

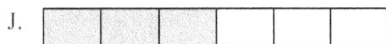

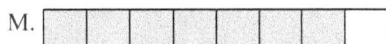

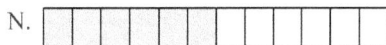

P.

Ex. _____ Đ _____ $\frac{2}{3}$

1. _____

2. _____

3. _____

4. _____

5. _____

6. _____

7. _____

8. _____

9. _____

10. _____

11. _____

12. _____

13. _____

14. _____

15. _____

Ex) $\frac{1}{6} + \frac{1}{6} + \frac{1}{6}$

1) $\frac{1}{12} + \frac{1}{12} + \frac{1}{12}$

2) $\frac{1}{3} + \frac{1}{3}$

3) $\frac{1}{8} + \frac{1}{8} + \frac{1}{8} + \frac{1}{8} + \frac{1}{8}$

4) $\frac{1}{12} + \frac{1}{12} + \frac{1}{12} + \frac{1}{12} + \frac{1}{12}$

5) $\frac{1}{8} + \frac{1}{8} + \frac{1}{8}$

6) $\frac{1}{8} + \frac{1}{8} + \frac{1}{8} + \frac{1}{8}$

7) $\frac{1}{4} + \frac{1}{4} + \frac{1}{4}$

8) $\frac{1}{5} + \frac{1}{5} + \frac{1}{5} + \frac{1}{5}$

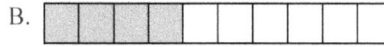

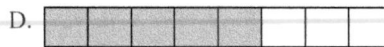

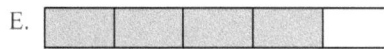

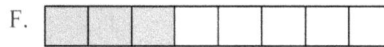

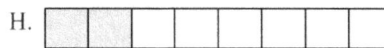

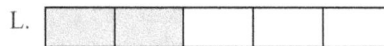

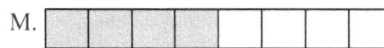

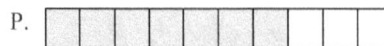

9) $\frac{1}{4} + \frac{1}{4}$

10) $\frac{1}{10} + \frac{1}{10} + \frac{1}{10} + \frac{1}{10} + \frac{1}{10} + \frac{1}{10} + \frac{1}{10}$

11) $\frac{1}{12} + \frac{1}{12}$

12) $\frac{1}{12} + \frac{1}{12} + \frac{1}{12} + \frac{1}{12} + \frac{1}{12} + \frac{1}{12}$

13) $\frac{1}{8} + \frac{1}{8}$

14) $\frac{1}{10} + \frac{1}{10} + \frac{1}{10} + \frac{1}{10}$

15) $\frac{1}{5} + \frac{1}{5}$

A.

B.

C.

D.

E.

F.

G.

H.

I.

J.

K.

L.

M.

N.

O.

P.

Ex. _____ G $\frac{3}{6}$

1. _____

2. _____

3. _____

4. _____

5. _____

6. _____

7. _____

8. _____

9. _____

10. _____

11. _____

12. _____

13. _____

14. _____

15. _____

Ex) $\frac{1}{8} + \frac{1}{8} + \frac{1}{8} + \frac{1}{8} + \frac{1}{8} + \frac{1}{8} + \frac{1}{8}$

A.

Ex. _____ F ⁷⁄₈

1) $\frac{1}{6} + \frac{1}{6}$

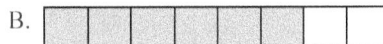

B.

1. _____

2) $\frac{1}{5} + \frac{1}{5}$

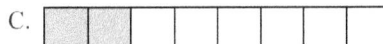

C.

2. _____

3) $\frac{1}{3} + \frac{1}{3}$

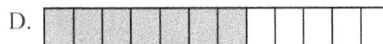

D.

3. _____

4. _____

4) $\frac{1}{4} + \frac{1}{4}$

E.

5. _____

5) $\frac{1}{4} + \frac{1}{4} + \frac{1}{4}$

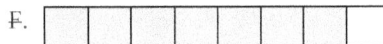

F.

6. _____

6) $\frac{1}{10} + \frac{1}{10} + \frac{1}{10} + \frac{1}{10} + \frac{1}{10}$

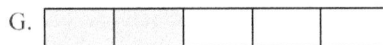

G.

7. _____

7) $\frac{1}{8} + \frac{1}{8}$

H.

8. _____

9. _____

8) $\frac{1}{8} + \frac{1}{8} + \frac{1}{8} + \frac{1}{8} + \frac{1}{8} + \frac{1}{8}$

I.

10. _____

9) $\frac{1}{12} + \frac{1}{12} + \frac{1}{12} + \frac{1}{12} + \frac{1}{12} + \frac{1}{12} + \frac{1}{12}$

J.

11. _____

10) $\frac{1}{8} + \frac{1}{8} + \frac{1}{8} + \frac{1}{8} + \frac{1}{8}$

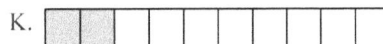

K.

12. _____

11) $\frac{1}{6} + \frac{1}{6} + \frac{1}{6}$

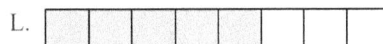

L.

13. _____

12) $\frac{1}{6} + \frac{1}{6} + \frac{1}{6} + \frac{1}{6}$

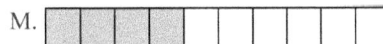

M.

14. _____

13) $\frac{1}{10} + \frac{1}{10}$

N.

15. _____

14) $\frac{1}{10} + \frac{1}{10} + \frac{1}{10} + \frac{1}{10}$

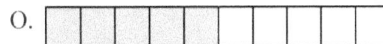

O.

15) $\frac{1}{12} + \frac{1}{12} + \frac{1}{12}$

P.

Ex) $\frac{1}{12} + \frac{1}{12} + \frac{1}{12} + \frac{1}{12} + \frac{1}{12} + \frac{1}{12} + \frac{1}{12}$

1) $\frac{1}{12} + \frac{1}{12} + \frac{1}{12} + \frac{1}{12} + \frac{1}{12} + \frac{1}{12}$

2) $\frac{1}{12} + \frac{1}{12} + \frac{1}{12} + \frac{1}{12} + \frac{1}{12}$

3) $\frac{1}{8} + \frac{1}{8} + \frac{1}{8} + \frac{1}{8} + \frac{1}{8}$

4) $\frac{1}{3} + \frac{1}{3}$

5) $\frac{1}{12} + \frac{1}{12} + \frac{1}{12} + \frac{1}{12}$

6) $\frac{1}{5} + \frac{1}{5} + \frac{1}{5}$

7) $\frac{1}{5} + \frac{1}{5}$

8) $\frac{1}{6} + \frac{1}{6} + \frac{1}{6} + \frac{1}{6} + \frac{1}{6}$

9) $\frac{1}{6} + \frac{1}{6} + \frac{1}{6} + \frac{1}{6}$

10) $\frac{1}{6} + \frac{1}{6} + \frac{1}{6}$

11) $\frac{1}{8} + \frac{1}{8} + \frac{1}{8} + \frac{1}{8}$

12) $\frac{1}{10} + \frac{1}{10} + \frac{1}{10}$

13) $\frac{1}{10} + \frac{1}{10} + \frac{1}{10} + \frac{1}{10}$

14) $\frac{1}{10} + \frac{1}{10}$

15) $\frac{1}{4} + \frac{1}{4}$

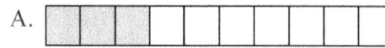

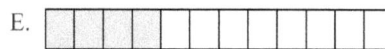

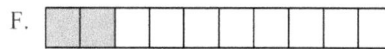

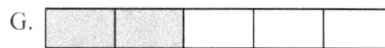

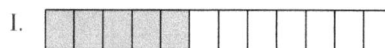

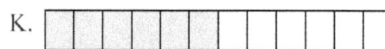

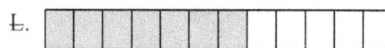

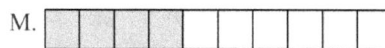

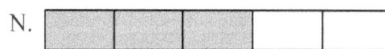

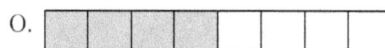

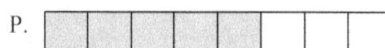

A.

B.

C.

D.

E.

F.

G.

H.

I.

J.

K.

L.

M.

N.

O.

P.

Ex. ___ L ___ $\frac{7}{12}$

1. ___

2. ___

3. ___

4. ___

5. ___

6. ___

7. ___

8. ___

9. ___

10. ___

11. ___

12. ___

13. ___

14. ___

15. ___

Ex) $\frac{1}{12} + \frac{1}{12} + \frac{1}{12}$

1) $\frac{1}{10} + \frac{1}{10} + \frac{1}{10} + \frac{1}{10} + \frac{1}{10} + \frac{1}{10}$

2) $\frac{1}{6} + \frac{1}{6} + \frac{1}{6} + \frac{1}{6}$

3) $\frac{1}{8} + \frac{1}{8} + \frac{1}{8} + \frac{1}{8}$

4) $\frac{1}{10} + \frac{1}{10} + \frac{1}{10}$

5) $\frac{1}{3} + \frac{1}{3}$

6) $\frac{1}{4} + \frac{1}{4} + \frac{1}{4}$

7) $\frac{1}{8} + \frac{1}{8} + \frac{1}{8} + \frac{1}{8} + \frac{1}{8} + \frac{1}{8}$

8) $\frac{1}{5} + \frac{1}{5} + \frac{1}{5}$

9) $\frac{1}{6} + \frac{1}{6}$

10) $\frac{1}{10} + \frac{1}{10} + \frac{1}{10} + \frac{1}{10} + \frac{1}{10} + \frac{1}{10} + \frac{1}{10}$

11) $\frac{1}{8} + \frac{1}{8} + \frac{1}{8} + \frac{1}{8} + \frac{1}{8} + \frac{1}{8} + \frac{1}{8}$

12) $\frac{1}{12} + \frac{1}{12} + \frac{1}{12} + \frac{1}{12}$

13) $\frac{1}{8} + \frac{1}{8}$

14) $\frac{1}{12} + \frac{1}{12}$

15) $\frac{1}{8} + \frac{1}{8} + \frac{1}{8}$

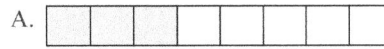

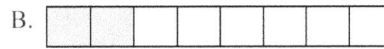

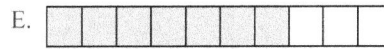

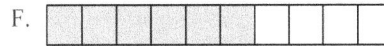

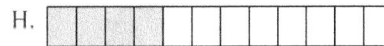

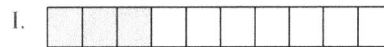

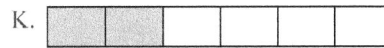

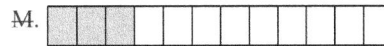

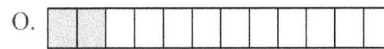

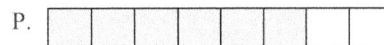

A.

B.

C.

D.

E.

F.

G.

H.

I.

J.

K.

L.

M.

N.

O.

P.

Ex. ___ M ___ $\frac{3}{12}$

1. _____

2. _____

3. _____

4. _____

5. _____

6. _____

7. _____

8. _____

9. _____

10. _____

11. _____

12. _____

13. _____

14. _____

15. _____

RESPUESTA CLAVE

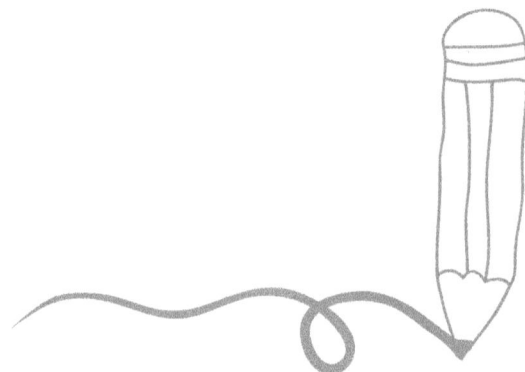

1

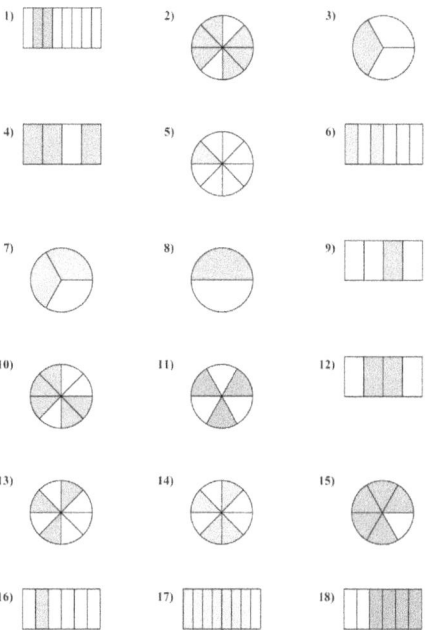

1) — 2) — 3) —
4) — 5) — 6) —
7) — 8) — 9) —
10) — 11) — 12) —
13) — 14) — 15) —
16) — 17) — 18) —

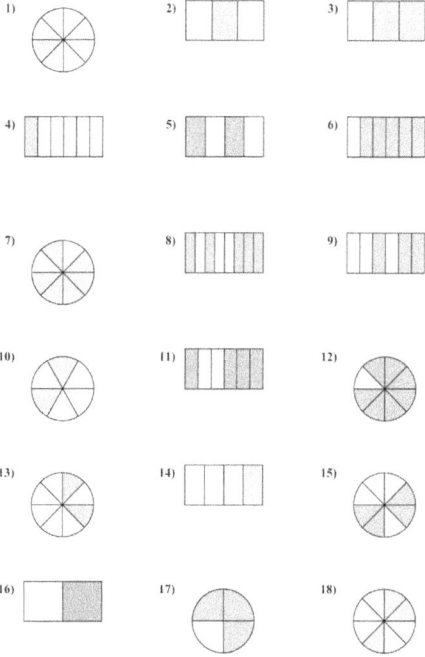

1. $\frac{1}{8}$
2. $\frac{1}{3}$
3. $\frac{2}{3}$
4. $\frac{1}{6}$
5. $\frac{2}{4}$
6. $\frac{5}{6}$
7. $\frac{6}{8}$
8. $\frac{5}{8}$
9. $\frac{3}{6}$
10. $\frac{2}{6}$
11. $\frac{4}{6}$
12. $\frac{7}{8}$
13. $\frac{2}{8}$
14. $\frac{1}{4}$
15. $\frac{4}{8}$
16. $\frac{1}{2}$
17. $\frac{3}{4}$
18. $\frac{3}{8}$

2

1) — 2) — 3) —
4) — 5) — 6) —
7) — 8) — 9) —
10) — 11) — 12) —
13) — 14) — 15) —
16) — 17) — 18) —

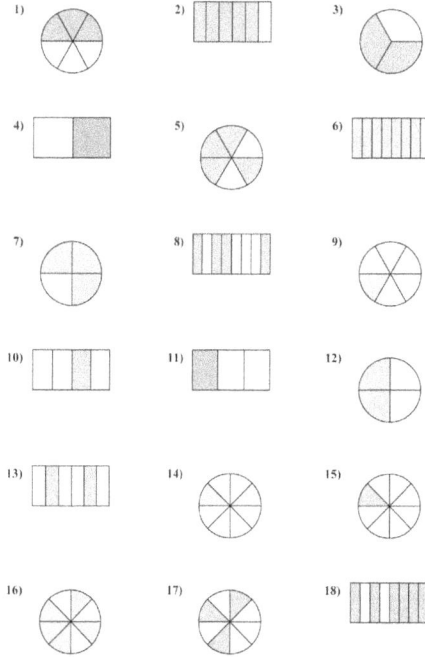

1. $\frac{3}{6}$
2. $\frac{5}{6}$
3. $\frac{2}{3}$
4. $\frac{1}{2}$
5. $\frac{4}{6}$
6. $\frac{7}{8}$
7. $\frac{3}{4}$
8. $\frac{4}{8}$
9. $\frac{1}{6}$
10. $\frac{1}{4}$
11. $\frac{1}{3}$
12. $\frac{2}{4}$
13. $\frac{2}{6}$
14. $\frac{2}{8}$
15. $\frac{1}{8}$
16. $\frac{5}{8}$
17. $\frac{3}{8}$
18. $\frac{6}{8}$

3

1) — 2) — 3) —
4) — 5) — 6) —
7) — 8) — 9) —
10) — 11) — 12) —
13) — 14) — 15) —
16) — 17) — 18) —

1.
2.
3.
4.
5.
6.
7.
8.
9.
10.
11.
12.
13.
14.
15.
16.
17.
18.

4

1) — 2) — 3) —
4) — 5) — 6) —
7) — 8) — 9) —
10) — 11) — 12) —
13) — 14) — 15) —
16) — 17) — 18) —

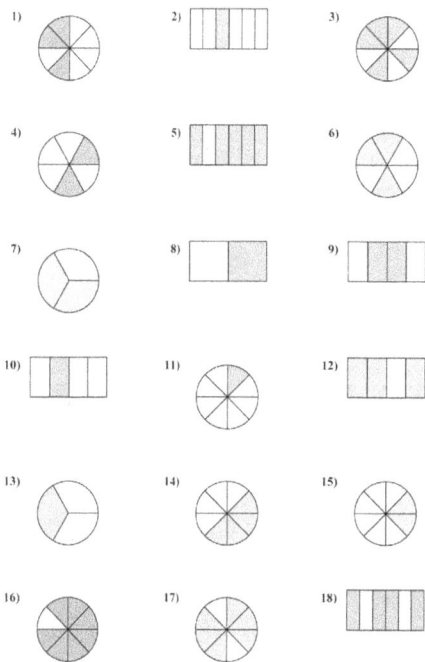

1. $\frac{3}{8}$
2. $\frac{1}{6}$
3. $\frac{5}{8}$
4. $\frac{2}{6}$
5. $\frac{5}{6}$
6. $\frac{3}{6}$
7. $\frac{2}{3}$
8. $\frac{1}{2}$
9. $\frac{2}{4}$
10. $\frac{1}{4}$
11. $\frac{1}{8}$
12. $\frac{3}{4}$
13. $\frac{1}{3}$
14. $\frac{4}{8}$
15. $\frac{2}{8}$
16. $\frac{7}{8}$
17. $\frac{6}{8}$
18. $\frac{4}{6}$

1)
2)
3)

4)
5)
6)

7)
8)
9)

10)
11)
12)

13)
14)
15)

16)
17)
18)

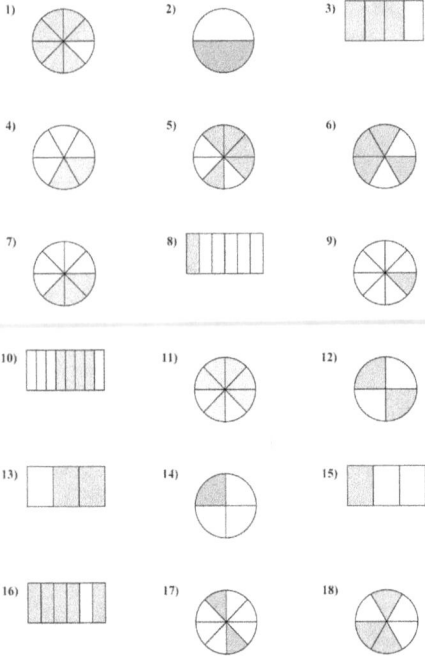

1. $\frac{7}{8}$
2. $\frac{1}{2}$
3. $\frac{3}{4}$
4. $\frac{2}{6}$
5. $\frac{5}{8}$
6. $\frac{4}{6}$
7. $\frac{3}{8}$
8. $\frac{1}{6}$
9. $\frac{1}{8}$
10. $\frac{4}{8}$
11. $\frac{6}{8}$
12. $\frac{2}{4}$
13. $\frac{2}{3}$
14. $\frac{1}{4}$
15. $\frac{1}{3}$
16. $\frac{5}{6}$
17. $\frac{2}{8}$
18. $\frac{3}{6}$

1)
2)
3)

4)
5)
6)

7)
8)
9)

10)
11)
12)

13)
14)
15)

16)
17)
18)

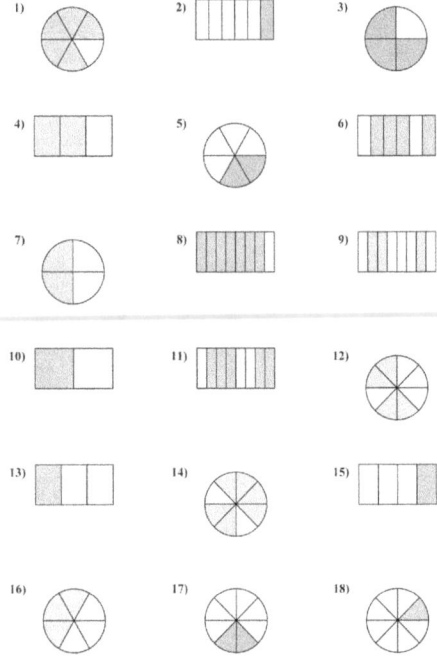

1. $\frac{5}{6}$
2. $\frac{1}{6}$
3. $\frac{3}{4}$
4. $\frac{2}{3}$
5. $\frac{2}{4}$
6. $\frac{4}{6}$
7. $\frac{2}{4}$
8. $\frac{7}{8}$
9. $\frac{3}{8}$
10. $\frac{1}{2}$
11. $\frac{5}{8}$
12. $\frac{4}{8}$
13. $\frac{1}{3}$
14. $\frac{6}{8}$
15. $\frac{1}{4}$
16. $\frac{3}{6}$
17. $\frac{2}{8}$
18. $\frac{1}{8}$

1)
2)
3)

4)
5)
6)

7)
8)
9)

10)
11)
12)

13)
14)
15)

16)
17)
18)

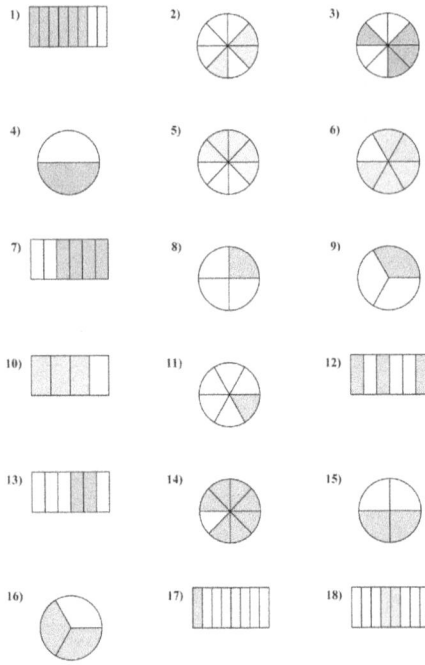

1. $\frac{6}{8}$
2. $\frac{3}{8}$
3. $\frac{4}{8}$
4. $\frac{1}{2}$
5. $\frac{5}{8}$
6. $\frac{5}{6}$
7. $\frac{4}{6}$
8. $\frac{1}{4}$
9. $\frac{1}{3}$
10. $\frac{3}{4}$
11. $\frac{1}{6}$
12. $\frac{3}{6}$
13. $\frac{2}{6}$
14. $\frac{7}{8}$
15. $\frac{2}{4}$
16. $\frac{2}{3}$
17. $\frac{1}{8}$
18. $\frac{2}{8}$

1)
2)
3)

4)
5)
6)

7)
8)
9)

10)
11)
12)

13)
14)
15)

16)
17)
18)

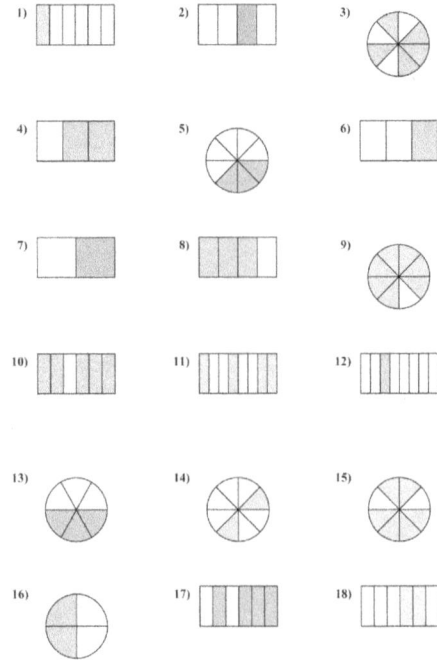

1. $\frac{1}{6}$
2. $\frac{1}{4}$
3. $\frac{5}{8}$
4. $\frac{2}{3}$
5. $\frac{3}{8}$
6. $\frac{1}{3}$
7. $\frac{1}{2}$
8. $\frac{3}{4}$
9. $\frac{7}{8}$
10. $\frac{5}{6}$
11. $\frac{4}{8}$
12. $\frac{1}{8}$
13. $\frac{3}{8}$
14. $\frac{2}{3}$
15. $\frac{6}{8}$
16. $\frac{2}{4}$
17. $\frac{4}{6}$
18. $\frac{2}{6}$

9

1) 2) 3)
4) 5) 6)
7) 8) 9)
10) 11) 12)
13) 14) 15)
16) 17) 18)

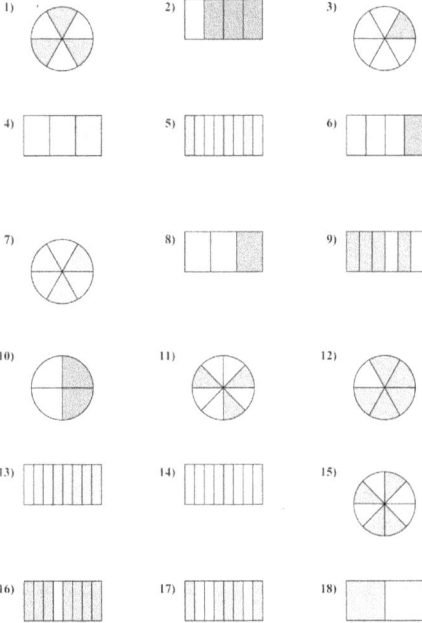

1. $\frac{3}{6}$
2. $\frac{3}{4}$
3. $\frac{1}{6}$
4. $\frac{2}{3}$
5. $\frac{2}{8}$
6. $\frac{1}{4}$
7. $\frac{2}{6}$
8. $\frac{1}{4}$
9. $\frac{4}{6}$
10. $\frac{2}{4}$
11. $\frac{3}{8}$
12. $\frac{5}{6}$
13. $\frac{6}{8}$
14. $\frac{1}{8}$
15. $\frac{4}{8}$
16. $\frac{7}{8}$
17. $\frac{5}{8}$
18. $\frac{1}{2}$

10

1) 2) 3)
4) 5) 6)
7) 8) 9)
10) 11) 12)
13) 14) 15)
16) 17) 18)

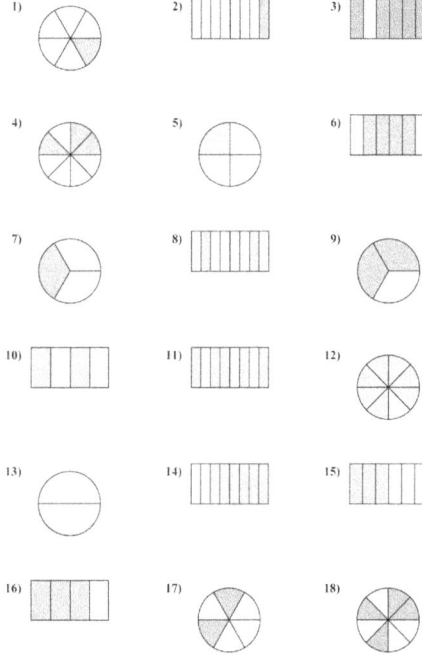

1. $\frac{1}{6}$
2. $\frac{1}{8}$
3. $\frac{5}{6}$
4. $\frac{3}{8}$
5. $\frac{1}{4}$
6. $\frac{4}{6}$
7. $\frac{1}{3}$
8. $\frac{2}{8}$
9. $\frac{2}{3}$
10. $\frac{2}{4}$
11. $\frac{5}{8}$
12. $\frac{7}{8}$
13. $\frac{1}{2}$
14. $\frac{6}{8}$
15. $\frac{3}{6}$
16. $\frac{3}{4}$
17. $\frac{2}{6}$
18. $\frac{4}{8}$

11

1) a. b. c. d.
2) a. b. c. d.
3) a. b. c. d.
4) a. b. c. d.
5) a. b. c. d.
6) a. b. c. d.
7) a. b. c. d.
8) a. b. c. d.

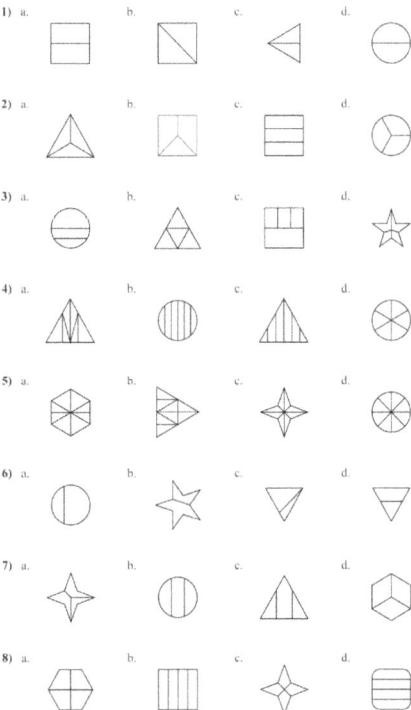

1. A,B,C,D
2. A,C,D
3. B
4. D
5. B,C,D
6. none
7. D
8. A,B,C

12

1) a. b. c. d.
2) a. b. c. d.
3) a. b. c. d.
4) a. b. c. d.
5) a. b. c. d.
6) a. b. c. d.
7) a. b. c. d.
8) a. b. c. d.

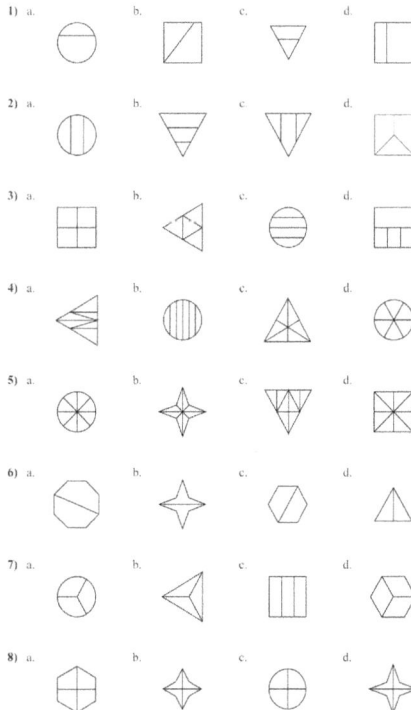

1. none
2. none
3. A,B
4. C,D
5. A,B,C,D
6. A,B,C,D
7. A,B,C,D
8. A,B,C,D

13

1) a. b. c. d.
2) a. b. c. d.
3) a. b. c. d.
4) a. b. c. d.
5) a. b. c. d.
6) a. b. c. d.
7) a. b. c. d.
8) a. b. c. d.

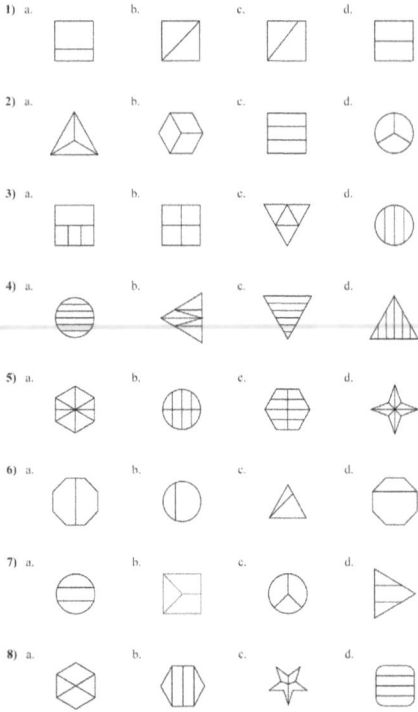

1. B,D
2. A,B,C,D
3. B,C
4. none
5. D
6. A
7. none
8. none

14

1) a. b. c. d.
2) a. b. c. d.
3) a. b. c. d.
4) a. b. c. d.
5) a. b. c. d.
6) a. b. c. d.
7) a. b. c. d.
8) a. b. c. d.

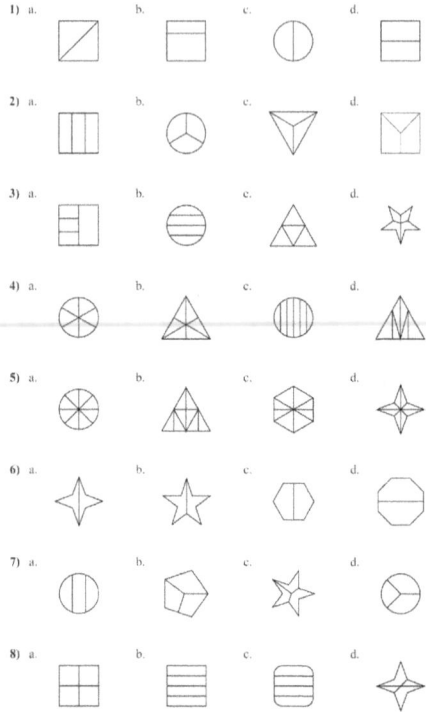

1. A,C,D
2. A,B,C
3. C
4. A,B
5. A,B,D
6. A,B,C,D
7. none
8. A,B

15

1) a. b. c. d.
2) a. b. c. d.
3) a. b. c. d.
4) a. b. c. d.
5) a. b. c. d.
6) a. b. c. d.
7) a. b. c. d.
8) a. b. c. d.

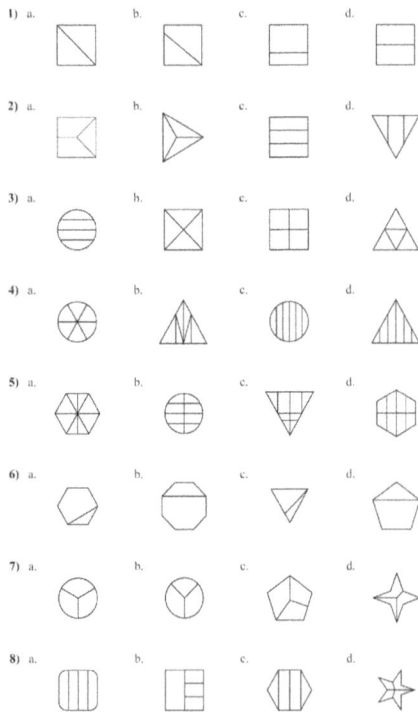

1. A,D
2. B,C
3. B,C,D
4. A
5. none
6. none
7. A
8. none

16

1) a. b. c. d.
2) a. b. c. d.
3) a. b. c. d.
4) a. b. c. d.
5) a. b. c. d.
6) a. b. c. d.
7) a. b. c. d.
8) a. b. c. d.

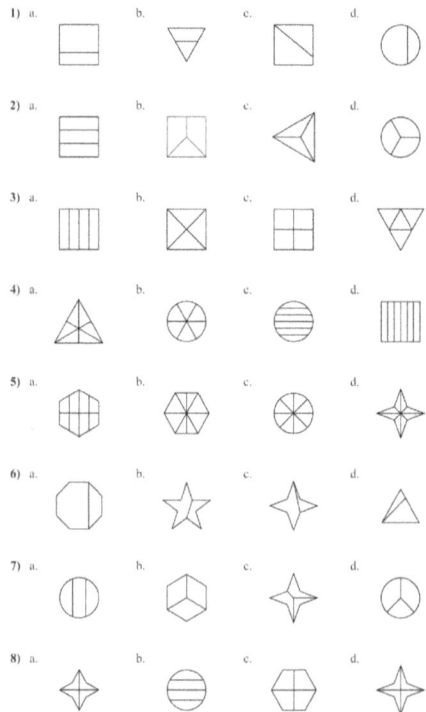

1. none
2. A,C,D
3. A,B,C,D
4. A,B,D
5. C,D
6. none
7. B
8. A,C,D

17

1) a.   b.   c.   d.
2) a.   b.   c.   d.
3) a.   b.   c.   d.
4) a.   b.   c.   d.
5) a.   b.   c.   d.
6) a.   b.   c.   d.
7) a.   b.   c.   d.
8) a.   b.   c.   d.

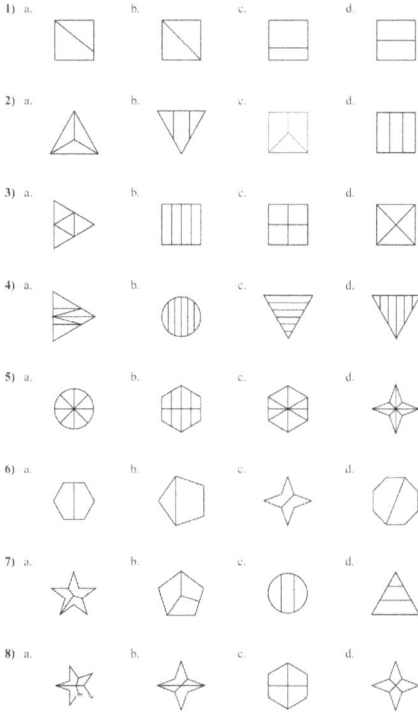

1. B,D
2. A,D
3. A,B,C,D
4. none
5. A,D
6. A,C,D
7. none
8. C,D

18

1) a.   b.   c.   d.
2) a.   b.   c.   d.
3) a.   b.   c.   d.
4) a.   b.   c.   d.
5) a.   b.   c.   d.
6) a.   b.   c.   d.
7) a.   b.   c.   d.
8) a.   b.   c.   d.

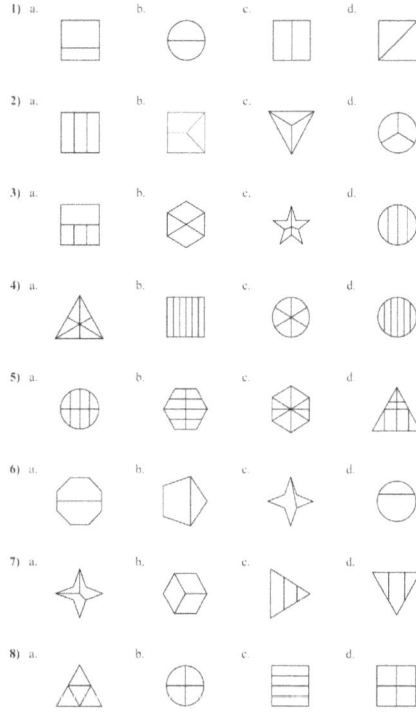

1. B,C,D
2. A,C,D
3. none
4. A,B,C
5. none
6. A
7. B
8. A,B,C,D

19

1) a.   b.   c.   d.
2) a.   b.   c.   d.
3) a.   b.   c.   d.
4) a.   b.   c.   d.
5) a.   b.   c.   d.
6) a.   b.   c.   d.
7) a.   b.   c.   d.
8) a.   b.   c.   d.

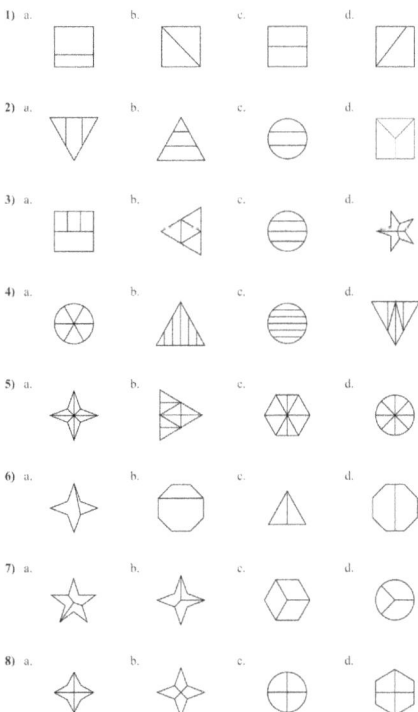

1. B,C
2. none
3. B
4. A
5. A,B,D
6. C,D
7. C
8. A,B,C,D

20

1) a.   b.   c.   d.
2) a.   b.   c.   d.
3) a.   b.   c.   d.
4) a.   b.   c.   d.
5) a.   b.   c.   d.
6) a.   b.   c.   d.
7) a.   b.   c.   d.
8) a.   b.   c.   d.

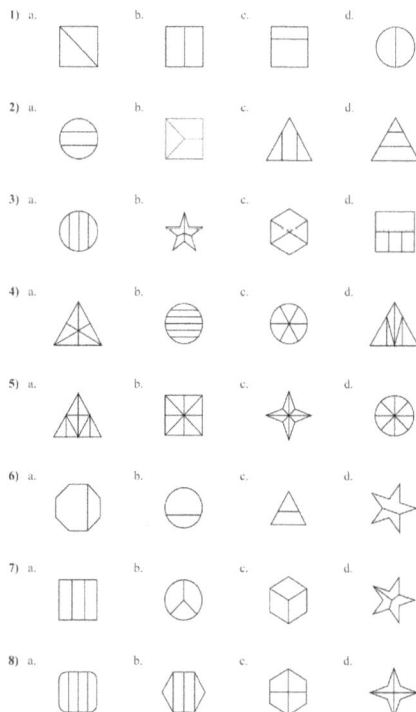

1. A,B,D
2. none
3. none
4. A,C
5. A,B,C,D
6. none
7. A,C
8. C,D

21

1) $\dfrac{8}{8}$ 2) $\dfrac{0}{7}$ 3) $\dfrac{0}{8}$ 4) $\dfrac{6}{12}$

5) $\dfrac{5}{10}$ 6) $\dfrac{3}{3}$ 7) $\dfrac{0}{6}$ 8) $\dfrac{0}{4}$

9) $\dfrac{9}{18}$ 10) $\dfrac{0}{2}$ 11) $\dfrac{3}{6}$ 12) $\dfrac{0}{9}$

13) $\dfrac{0}{5}$ 14) $\dfrac{4}{4}$ 15) $\dfrac{5}{5}$ 16) $\dfrac{7}{7}$

17) $\dfrac{4}{8}$ 18) $\dfrac{6}{6}$ 19) $\dfrac{2}{2}$ 20) $\dfrac{2}{4}$

1. 1
2. 0
3. 0
4. $\frac{1}{2}$
5. $\frac{1}{2}$
6. 1
7. 0
8. 0
9. $\frac{1}{2}$
10. 0
11. $\frac{1}{2}$
12. 0
13. 0
14. 1
15. 1
16. 1
17. $\frac{1}{2}$
18. 1
19. 1
20. $\frac{1}{2}$

22

1) $\dfrac{0}{7}$ 2) $\dfrac{3}{3}$ 3) $\dfrac{5}{5}$ 4) $\dfrac{8}{16}$

5) $\dfrac{9}{18}$ 6) $\dfrac{0}{4}$ 7) $\dfrac{0}{6}$ 8) $\dfrac{3}{6}$

9) $\dfrac{4}{8}$ 10) $\dfrac{0}{2}$ 11) $\dfrac{6}{6}$ 12) $\dfrac{6}{12}$

13) $\dfrac{0}{3}$ 14) $\dfrac{2}{2}$ 15) $\dfrac{5}{10}$ 16) $\dfrac{0}{8}$

17) $\dfrac{0}{5}$ 18) $\dfrac{7}{14}$ 19) $\dfrac{8}{8}$ 20) $\dfrac{9}{9}$

1. 0
2. 1
3. 1
4. $\frac{1}{2}$
5. $\frac{1}{2}$
6. 0
7. 0
8. $\frac{1}{2}$
9. $\frac{1}{2}$
10. 0
11. 1
12. $\frac{1}{2}$
13. 0
14. 1
15. $\frac{1}{2}$
16. 0
17. 0
18. $\frac{1}{2}$
19. 1
20. 1

23

1) $\dfrac{0}{2}$ 2) $\dfrac{0}{4}$ 3) $\dfrac{2}{2}$ 4) $\dfrac{9}{18}$

5) $\dfrac{7}{7}$ 6) $\dfrac{0}{7}$ 7) $\dfrac{2}{4}$ 8) $\dfrac{0}{5}$

9) $\dfrac{0}{6}$ 10) $\dfrac{8}{8}$ 11) $\dfrac{9}{9}$ 12) $\dfrac{6}{12}$

13) $\dfrac{0}{8}$ 14) $\dfrac{6}{6}$ 15) $\dfrac{5}{10}$ 16) $\dfrac{7}{14}$

17) $\dfrac{8}{16}$ 18) $\dfrac{4}{4}$ 19) $\dfrac{4}{8}$ 20) $\dfrac{3}{3}$

1. 0
2. 0
3. 1
4. $\frac{1}{2}$
5. 1
6. 0
7. $\frac{1}{2}$
8. 0
9. 0
10. 1
11. 1
12. $\frac{1}{2}$
13. 0
14. 1
15. $\frac{1}{2}$
16. $\frac{1}{2}$
17. $\frac{1}{2}$
18. 1
19. $\frac{1}{2}$
20. 1

24

1) $\dfrac{7}{14}$ 2) $\dfrac{0}{3}$ 3) $\dfrac{3}{3}$ 4) $\dfrac{6}{6}$

5) $\dfrac{0}{5}$ 6) $\dfrac{4}{8}$ 7) $\dfrac{0}{2}$ 8) $\dfrac{3}{6}$

9) $\dfrac{9}{9}$ 10) $\dfrac{6}{12}$ 11) $\dfrac{9}{18}$ 12) $\dfrac{0}{8}$

13) $\dfrac{5}{10}$ 14) $\dfrac{8}{16}$ 15) $\dfrac{0}{6}$ 16) $\dfrac{7}{7}$

17) $\dfrac{5}{5}$ 18) $\dfrac{2}{2}$ 19) $\dfrac{0}{7}$ 20) $\dfrac{8}{8}$

1. $\frac{1}{2}$
2. 0
3. 1
4. 1
5. 0
6. $\frac{1}{2}$
7. 0
8. $\frac{1}{2}$
9. 1
10. $\frac{1}{2}$
11. $\frac{1}{2}$
12. 0
13. $\frac{1}{2}$
14. $\frac{1}{2}$
15. 0
16. 1
17. 1
18. 1
19. 0
20. 1

25

1) $\dfrac{5}{5}$ 2) $\dfrac{0}{4}$ 3) $\dfrac{3}{3}$ 4) $\dfrac{9}{9}$

5) $\dfrac{0}{6}$ 6) $\dfrac{4}{8}$ 7) $\dfrac{0}{8}$ 8) $\dfrac{0}{2}$

9) $\dfrac{6}{6}$ 10) $\dfrac{2}{2}$ 11) $\dfrac{6}{12}$ 12) $\dfrac{8}{8}$

13) $\dfrac{2}{4}$ 14) $\dfrac{8}{16}$ 15) $\dfrac{3}{6}$ 16) $\dfrac{7}{14}$

17) $\dfrac{0}{9}$ 18) $\dfrac{0}{7}$ 19) $\dfrac{5}{10}$ 20) $\dfrac{4}{4}$

1. 1
2. 0
3. 1
4. 1
5. 0
6. ½
7. 0
8. 0
9. 1
10. 1
11. ½
12. 1
13. ½
14. ½
15. ½
16. ½
17. 0
18. 0
19. ½
20. 1

26

1) $\dfrac{8}{8}$ 2) $\dfrac{2}{4}$ 3) $\dfrac{3}{6}$ 4) $\dfrac{0}{5}$

5) $\dfrac{0}{6}$ 6) $\dfrac{4}{8}$ 7) $\dfrac{0}{8}$ 8) $\dfrac{6}{12}$

9) $\dfrac{0}{3}$ 10) $\dfrac{0}{2}$ 11) $\dfrac{4}{4}$ 12) $\dfrac{7}{14}$

13) $\dfrac{0}{4}$ 14) $\dfrac{9}{18}$ 15) $\dfrac{2}{2}$ 16) $\dfrac{3}{3}$

17) $\dfrac{5}{10}$ 18) $\dfrac{6}{6}$ 19) $\dfrac{0}{7}$ 20) $\dfrac{5}{5}$

1. 1
2. ½
3. ½
4. 0
5. 0
6. ½
7. 0
8. ½
9. 0
10. 0
11. 1
12. ½
13. 0
14. ½
15. 1
16. 1
17. ½
18. 1
19. 0
20. 1

27

1) $\dfrac{3}{6}$ 2) $\dfrac{0}{6}$ 3) $\dfrac{2}{2}$ 4) $\dfrac{0}{3}$

5) $\dfrac{2}{4}$ 6) $\dfrac{8}{16}$ 7) $\dfrac{7}{14}$ 8) $\dfrac{4}{8}$

9) $\dfrac{4}{4}$ 10) $\dfrac{0}{8}$ 11) $\dfrac{9}{9}$ 12) $\dfrac{5}{5}$

13) $\dfrac{7}{7}$ 14) $\dfrac{0}{5}$ 15) $\dfrac{0}{2}$ 16) $\dfrac{0}{7}$

17) $\dfrac{0}{9}$ 18) $\dfrac{6}{12}$ 19) $\dfrac{6}{6}$ 20) $\dfrac{9}{18}$

1. ½
2. 0
3. 1
4. 0
5. ½
6. ½
7. ½
8. ½
9. 1
10. 0
11. 1
12. 1
13. 1
14. 0
15. 0
16. 0
17. 0
18. ½
19. 1
20. ½

28

1) $\dfrac{4}{8}$ 2) $\dfrac{3}{6}$ 3) $\dfrac{0}{3}$ 4) $\dfrac{0}{6}$

5) $\dfrac{6}{12}$ 6) $\dfrac{0}{5}$ 7) $\dfrac{0}{9}$ 8) $\dfrac{8}{16}$

9) $\dfrac{9}{9}$ 10) $\dfrac{2}{4}$ 11) $\dfrac{0}{7}$ 12) $\dfrac{2}{2}$

13) $\dfrac{7}{7}$ 14) $\dfrac{5}{10}$ 15) $\dfrac{8}{8}$ 16) $\dfrac{0}{2}$

17) $\dfrac{7}{14}$ 18) $\dfrac{0}{4}$ 19) $\dfrac{5}{5}$ 20) $\dfrac{6}{6}$

1. ½
2. ½
3. 0
4. 0
5. ½
6. 0
7. 0
8. ½
9. 1
10. ½
11. 0
12. 1
13. 1
14. ½
15. 1
16. 0
17. ½
18. 0
19. 1

29

1) $\dfrac{9}{18}$ 2) $\dfrac{2}{4}$ 3) $\dfrac{5}{5}$ 4) $\dfrac{7}{7}$

5) $\dfrac{3}{6}$ 6) $\dfrac{3}{3}$ 7) $\dfrac{0}{3}$ 8) $\dfrac{0}{7}$

9) $\dfrac{0}{6}$ 10) $\dfrac{9}{9}$ 11) $\dfrac{8}{8}$ 12) $\dfrac{0}{4}$

13) $\dfrac{8}{16}$ 14) $\dfrac{0}{9}$ 15) $\dfrac{4}{8}$ 16) $\dfrac{5}{10}$

17) $\dfrac{0}{5}$ 18) $\dfrac{6}{12}$ 19) $\dfrac{4}{4}$ 20) $\dfrac{2}{2}$

1. $\frac{1}{2}$
2. $\frac{1}{2}$
3. 1
4. 1
5. $\frac{1}{2}$
6. 1
7. 0
8. 0
9. 0
10. 1
11. 1
12. 0
13. $\frac{1}{2}$
14. 0
15. $\frac{1}{2}$
16. $\frac{1}{2}$
17. 0
18. $\frac{1}{2}$
19. 1
20. 1

30

1) $\dfrac{5}{5}$ 2) $\dfrac{7}{14}$ 3) $\dfrac{5}{10}$ 4) $\dfrac{3}{3}$

5) $\dfrac{4}{8}$ 6) $\dfrac{0}{2}$ 7) $\dfrac{6}{6}$ 8) $\dfrac{0}{5}$

9) $\dfrac{3}{6}$ 10) $\dfrac{0}{9}$ 11) $\dfrac{8}{8}$ 12) $\dfrac{0}{8}$

13) $\dfrac{9}{18}$ 14) $\dfrac{0}{6}$ 15) $\dfrac{0}{4}$ 16) $\dfrac{4}{4}$

17) $\dfrac{0}{7}$ 18) $\dfrac{2}{2}$ 19) $\dfrac{6}{12}$ 20) $\dfrac{7}{7}$

1. 1
2. $\frac{1}{2}$
3. $\frac{1}{2}$
4. 1
5. $\frac{1}{2}$
6. 0
7. 1
8. 0
9. $\frac{1}{2}$
10. 0
11. 1
12. 0
13. $\frac{1}{2}$
14. 0
15. 0
16. 1
17. 0
18. 1
19. $\frac{1}{2}$
20. 1

31

1) $1\frac{1}{2} - 1\frac{1}{2} = 0\frac{0}{2}$
$\frac{3}{2} - \frac{3}{2} = \frac{0}{2}$

2) $8\frac{2}{4} - 6\frac{3}{4} = 1\frac{3}{4}$
$\frac{34}{4} - \frac{27}{4} = \frac{7}{4}$

3) $5\frac{2}{3} - 4\frac{1}{3} = 1\frac{1}{3}$
$\frac{17}{3} - \frac{13}{3} = \frac{4}{3}$

4) $4\frac{3}{5} - 4\frac{1}{5} = 0\frac{2}{5}$
$\frac{23}{5} - \frac{21}{5} = \frac{2}{5}$

5) $6\frac{1}{4} - 2\frac{1}{4} = 4\frac{0}{4}$
$\frac{25}{4} - \frac{9}{4} = \frac{16}{4}$

6) $9\frac{1}{2} - 5\frac{1}{2} = 4\frac{0}{2}$
$\frac{19}{2} - \frac{11}{2} = \frac{8}{2}$

7) $8\frac{1}{2} + 8\frac{1}{2} = 17\frac{0}{2}$
$\frac{17}{2} + \frac{17}{2} = \frac{34}{2}$

8) $4\frac{1}{4} + 2\frac{1}{4} = 6\frac{2}{4}$
$\frac{17}{4} + \frac{9}{4} = \frac{26}{4}$

9) $4\frac{3}{8} + 1\frac{7}{8} = 6\frac{2}{8}$
$\frac{35}{8} + \frac{15}{8} = \frac{50}{8}$

10) $5\frac{7}{8} + 5\frac{4}{8} = 11\frac{3}{8}$
$\frac{47}{8} + \frac{44}{8} = \frac{91}{8}$

11) $7\frac{5}{8} + 2\frac{7}{8} = 10\frac{4}{8}$
$\frac{61}{8} + \frac{23}{8} = \frac{84}{8}$

12) $4\frac{4}{8} + 1\frac{5}{8} = 6\frac{1}{8}$
$\frac{36}{8} + \frac{13}{8} = \frac{49}{8}$

1. $\frac{0}{2}$
2. $\frac{7}{4}$
3. $\frac{4}{3}$
4. $\frac{2}{5}$
5. $\frac{16}{4}$
6. $\frac{8}{2}$
7. $\frac{34}{2}$
8. $\frac{26}{4}$
9. $\frac{50}{8}$
10. $\frac{91}{8}$
11. $\frac{84}{8}$
12. $\frac{49}{8}$

32

1) $7\frac{4}{5} - 5\frac{4}{5} = 2\frac{0}{5}$
$\frac{39}{5} - \frac{29}{5} = \frac{10}{5}$

2) $7\frac{2}{3} - 5\frac{2}{3} = 2\frac{0}{3}$
$\frac{23}{3} - \frac{17}{3} = \frac{6}{3}$

3) $7\frac{2}{3} - 6\frac{2}{3} = 1\frac{0}{3}$
$\frac{23}{3} - \frac{20}{3} = \frac{3}{3}$

4) $9\frac{2}{10} - 1\frac{3}{10} = 7\frac{9}{10}$
$\frac{92}{10} - \frac{13}{10} = \frac{79}{10}$

5) $6\frac{9}{10} - 1\frac{1}{10} = 5\frac{8}{10}$
$\frac{69}{10} - \frac{11}{10} = \frac{58}{10}$

6) $9\frac{2}{3} - 6\frac{1}{3} = 3\frac{1}{3}$
$\frac{29}{3} - \frac{19}{3} = \frac{10}{3}$

7) $5\frac{4}{6} + 2\frac{1}{6} = 7\frac{5}{6}$
$\frac{34}{6} + \frac{13}{6} = \frac{47}{6}$

8) $7\frac{5}{8} + 5\frac{1}{8} = 12\frac{6}{8}$
$\frac{61}{8} + \frac{41}{8} = \frac{102}{8}$

9) $8\frac{3}{10} + 1\frac{3}{10} = 9\frac{6}{10}$
$\frac{83}{10} + \frac{13}{10} = \frac{96}{10}$

10) $2\frac{6}{8} + 1\frac{1}{8} = 3\frac{7}{8}$
$\frac{22}{8} + \frac{9}{8} = \frac{31}{8}$

11) $8\frac{1}{4} + 3\frac{3}{4} = 12\frac{0}{4}$
$\frac{33}{4} + \frac{15}{4} = \frac{48}{4}$

12) $7\frac{10}{12} + 2\frac{2}{12} = 10\frac{0}{12}$
$\frac{94}{12} + \frac{26}{12} = \frac{120}{12}$

1. $\frac{10}{5}$
2. $\frac{6}{3}$
3. $\frac{3}{3}$
4. $\frac{79}{10}$
5. $\frac{58}{10}$
6. $\frac{10}{3}$
7. $\frac{47}{6}$
8. $\frac{102}{8}$
9. $\frac{96}{10}$
10. $\frac{31}{8}$
11. $\frac{48}{4}$
12. $\frac{120}{12}$

33

1) $4\frac{1}{3} - 2\frac{1}{3} = 2\frac{0}{3}$
$\frac{13}{3} - \frac{7}{3} = \frac{6}{3}$

2) $5\frac{8}{10} - 4\frac{8}{10} = 1\frac{0}{10}$
$\frac{58}{10} - \frac{48}{10} = \frac{10}{10}$

3) $5\frac{1}{2} - 2\frac{1}{2} = 3\frac{0}{2}$
$\frac{11}{2} - \frac{5}{2} = \frac{6}{2}$

4) $9\frac{1}{5} - 3\frac{4}{5} = 5\frac{2}{5}$
$\frac{46}{5} - \frac{19}{5} = \frac{27}{5}$

5) $8\frac{7}{12} - 1\frac{3}{12} = 7\frac{4}{12}$
$\frac{105}{12} - \frac{15}{12} = \frac{88}{12}$

6) $9\frac{7}{12} - 3\frac{9}{12} = 5\frac{10}{12}$
$\frac{115}{12} - \frac{45}{12} = \frac{70}{12}$

7) $6\frac{1}{4} + 3\frac{3}{4} = 10\frac{0}{4}$
$\frac{25}{4} + \frac{15}{4} = \frac{40}{4}$

8) $8\frac{4}{5} + 2\frac{1}{5} = 11\frac{0}{5}$
$\frac{44}{5} + \frac{11}{5} = \frac{55}{5}$

9) $2\frac{9}{12} + 1\frac{4}{12} = 4\frac{1}{12}$
$\frac{33}{12} + \frac{16}{12} = \frac{49}{12}$

10) $3\frac{3}{4} + 3\frac{2}{4} = 7\frac{1}{4}$
$\frac{15}{4} + \frac{14}{4} = \frac{29}{4}$

11) $9\frac{4}{8} + 2\frac{6}{8} = 12\frac{2}{8}$
$\frac{76}{8} + \frac{22}{8} = \frac{98}{8}$

12) $1\frac{5}{10} + 1\frac{4}{10} = 2\frac{9}{10}$
$\frac{15}{10} + \frac{14}{10} = \frac{29}{10}$

1. $6/3$
2. $10/10$
3. $6/2$
4. $27/5$
5. $88/12$
6. $70/12$
7. $40/4$
8. $55/5$
9. $49/12$
10. $29/4$
11. $98/8$
12. $29/10$

34

1) $4\frac{2}{6} - 3\frac{4}{6} = 0\frac{4}{6}$
$\frac{26}{6} - \frac{22}{6} = \frac{4}{6}$

2) $6\frac{10}{12} - 1\frac{5}{12} = 5\frac{5}{12}$
$\frac{82}{12} - \frac{17}{12} = \frac{65}{12}$

3) $9\frac{5}{12} - 7\frac{1}{12} = 2\frac{4}{12}$
$\frac{115}{12} - \frac{85}{12} = \frac{28}{12}$

4) $6\frac{2}{5} - 3\frac{1}{5} = 3\frac{1}{5}$
$\frac{32}{5} - \frac{16}{5} = \frac{16}{5}$

5) $8\frac{7}{10} - 4\frac{8}{10} = 3\frac{9}{10}$
$\frac{87}{10} - \frac{48}{10} = \frac{39}{10}$

6) $9\frac{1}{2} - 7\frac{1}{2} = 2\frac{0}{2}$
$\frac{19}{2} - \frac{15}{2} = \frac{4}{2}$

7) $7\frac{4}{12} + 5\frac{4}{12} = 12\frac{8}{12}$
$\frac{88}{12} + \frac{64}{12} = \frac{152}{12}$

8) $8\frac{2}{3} + 6\frac{1}{3} = 15\frac{0}{3}$
$\frac{26}{3} + \frac{19}{3} = \frac{45}{3}$

9) $3\frac{4}{5} + 2\frac{1}{5} = 6\frac{0}{5}$
$\frac{19}{5} + \frac{11}{5} = \frac{30}{5}$

10) $9\frac{4}{8} + 7\frac{2}{8} = 16\frac{6}{8}$
$\frac{76}{8} + \frac{58}{8} = \frac{134}{8}$

11) $7\frac{7}{8} + 4\frac{5}{8} = 12\frac{4}{8}$
$\frac{63}{8} + \frac{37}{8} = \frac{100}{8}$

12) $8\frac{2}{3} + 5\frac{2}{3} = 14\frac{1}{3}$
$\frac{26}{3} + \frac{17}{3} = \frac{43}{3}$

1. $4/6$
2. $65/12$
3. $28/12$
4. $16/5$
5. $39/10$
6. $4/2$
7. $152/12$
8. $45/3$
9. $30/5$
10. $134/8$
11. $100/8$
12. $43/3$

35

1) $7\frac{1}{6} - 3\frac{4}{6} = 3\frac{3}{6}$
$\frac{43}{6} - \frac{22}{6} = \frac{21}{6}$

2) $6\frac{1}{12} - 3\frac{11}{12} = 2\frac{2}{12}$
$\frac{73}{12} - \frac{47}{12} = \frac{26}{12}$

3) $8\frac{1}{4} - 6\frac{3}{4} = 1\frac{2}{4}$
$\frac{33}{4} - \frac{27}{4} = \frac{6}{4}$

4) $7\frac{1}{2} - 6\frac{1}{2} = 1\frac{0}{2}$
$\frac{15}{2} - \frac{13}{2} = \frac{2}{2}$

5) $6\frac{2}{5} - 5\frac{2}{5} = 1\frac{0}{5}$
$\frac{32}{5} - \frac{27}{5} = \frac{5}{5}$

6) $8\frac{3}{5} - 2\frac{2}{5} = 6\frac{1}{5}$
$\frac{43}{5} - \frac{12}{5} = \frac{31}{5}$

7) $7\frac{1}{10} + 4\frac{5}{10} = 11\frac{6}{10}$
$\frac{71}{10} + \frac{45}{10} = \frac{116}{10}$

8) $9\frac{1}{12} + 8\frac{4}{12} = 17\frac{5}{12}$
$\frac{109}{12} + \frac{100}{12} = \frac{209}{12}$

9) $8\frac{1}{5} + 4\frac{5}{5} = 14\frac{0}{5}$
$\frac{41}{5} + \frac{29}{5} = \frac{70}{5}$

10) $8\frac{3}{10} + 7\frac{4}{10} = 15\frac{7}{10}$
$\frac{83}{10} + \frac{74}{10} = \frac{157}{10}$

11) $8\frac{3}{4} + 4\frac{3}{4} = 13\frac{2}{4}$
$\frac{35}{4} + \frac{19}{4} = \frac{54}{4}$

12) $7\frac{1}{3} + 3\frac{1}{3} = 10\frac{2}{3}$
$\frac{22}{3} + \frac{10}{3} = \frac{32}{3}$

1. $21/6$
2. $26/12$
3. $6/4$
4. $2/2$
5. $5/5$
6. $31/5$
7. $116/10$
8. $209/12$
9. $70/5$
10. $157/10$
11. $54/4$
12. $32/3$

36

1) $7\frac{1}{6} - 3\frac{4}{6} = 3\frac{3}{6}$
$\frac{43}{6} - \frac{22}{6} = \frac{21}{6}$

2) $6\frac{1}{12} - 3\frac{11}{12} = 2\frac{2}{12}$
$\frac{73}{12} - \frac{47}{12} = \frac{26}{12}$

3) $8\frac{1}{4} - 6\frac{3}{4} = 1\frac{2}{4}$
$\frac{33}{4} - \frac{27}{4} = \frac{6}{4}$

4) $7\frac{1}{2} - 6\frac{1}{2} = 1\frac{0}{2}$
$\frac{15}{2} - \frac{13}{2} = \frac{2}{2}$

5) $6\frac{2}{5} - 5\frac{2}{5} = 1\frac{0}{5}$
$\frac{32}{5} - \frac{27}{5} = \frac{5}{5}$

6) $8\frac{3}{5} - 2\frac{2}{5} = 6\frac{1}{5}$
$\frac{43}{5} - \frac{12}{5} = \frac{31}{5}$

7) $7\frac{1}{10} + 4\frac{5}{10} = 11\frac{6}{10}$
$\frac{71}{10} + \frac{45}{10} = \frac{116}{10}$

8) $9\frac{1}{12} + 8\frac{4}{12} = 17\frac{5}{12}$
$\frac{109}{12} + \frac{100}{12} = \frac{209}{12}$

9) $8\frac{1}{5} + 4\frac{5}{5} = 14\frac{0}{5}$
$\frac{41}{5} + \frac{29}{5} = \frac{70}{5}$

10) $8\frac{3}{10} + 7\frac{4}{10} = 15\frac{7}{10}$
$\frac{83}{10} + \frac{74}{10} = \frac{157}{10}$

11) $8\frac{3}{4} + 4\frac{3}{4} = 13\frac{2}{4}$
$\frac{35}{4} + \frac{19}{4} = \frac{54}{4}$

12) $7\frac{1}{3} + 3\frac{1}{3} = 10\frac{2}{3}$
$\frac{22}{3} + \frac{10}{3} = \frac{32}{3}$

1. $21/6$
2. $26/12$
3. $6/4$
4. $2/2$
5. $5/5$
6. $31/5$
7. $116/10$
8. $209/12$
9. $70/5$
10. $157/10$
11. $54/4$
12. $32/3$

37

1) $8\frac{1}{10} - 2\frac{4}{10} = 5\frac{7}{10}$
$\frac{81}{10} - \frac{24}{10} = \frac{57}{10}$

2) $9\frac{5}{12} - 7\frac{7}{12} = 1\frac{10}{12}$
$\frac{113}{12} - \frac{91}{12} = \frac{22}{12}$

3) $7\frac{5}{10} - 2\frac{5}{10} = 5\frac{0}{10}$
$\frac{75}{10} - \frac{25}{10} = \frac{50}{10}$

4) $9\frac{1}{12} - 3\frac{4}{12} = 5\frac{9}{12}$
$\frac{109}{12} - \frac{40}{12} = \frac{69}{12}$

5) $7\frac{4}{5} - 5\frac{2}{5} = 2\frac{2}{5}$
$\frac{39}{5} - \frac{27}{5} = \frac{12}{5}$

6) $5\frac{1}{4} - 3\frac{2}{4} = 1\frac{3}{4}$
$\frac{21}{4} - \frac{14}{4} = \frac{7}{4}$

7) $4\frac{1}{5} + 2\frac{4}{5} = 7\frac{0}{5}$
$\frac{21}{5} + \frac{14}{5} = \frac{35}{5}$

8) $8\frac{2}{8} + 5\frac{5}{8} = 13\frac{7}{8}$
$\frac{66}{8} + \frac{45}{8} = \frac{111}{8}$

9) $9\frac{4}{6} + 8\frac{3}{6} = 18\frac{1}{6}$
$\frac{58}{6} + \frac{51}{6} = \frac{109}{6}$

10) $4\frac{2}{10} + 3\frac{7}{10} = 7\frac{9}{10}$
$\frac{42}{10} + \frac{37}{10} = \frac{79}{10}$

11) $6\frac{3}{8} + 1\frac{7}{8} = 8\frac{2}{8}$
$\frac{51}{8} + \frac{15}{8} = \frac{66}{8}$

12) $7\frac{1}{2} + 3\frac{1}{2} = 11\frac{0}{2}$
$\frac{15}{2} + \frac{7}{2} = \frac{22}{2}$

1. $57/10$
2. $22/12$
3. $50/10$
4. $69/12$
5. $12/5$
6. $7/4$
7. $35/5$
8. $111/8$
9. $109/6$
10. $79/10$
11. $66/8$
12. $22/2$

38

1) $8\frac{4}{8} - 6\frac{7}{8} = 1\frac{5}{8}$
$\frac{68}{8} - \frac{55}{8} = \frac{13}{8}$

2) $5\frac{1}{12} - 3\frac{8}{12} = 1\frac{5}{12}$
$\frac{61}{12} - \frac{44}{12} = \frac{17}{12}$

3) $8\frac{3}{4} - 8\frac{1}{4} = 0\frac{2}{4}$
$\frac{35}{4} - \frac{33}{4} = \frac{2}{4}$

4) $4\frac{1}{3} - 1\frac{1}{3} = 3\frac{0}{3}$
$\frac{13}{3} - \frac{4}{3} = \frac{9}{3}$

5) $6\frac{2}{4} - 3\frac{2}{4} = 3\frac{0}{4}$
$\frac{26}{4} - \frac{14}{4} = \frac{12}{4}$

6) $6\frac{2}{8} - 1\frac{1}{8} = 5\frac{1}{8}$
$\frac{50}{8} - \frac{9}{8} = \frac{41}{8}$

7) $4\frac{2}{3} + 3\frac{1}{3} = 8\frac{0}{3}$
$\frac{14}{3} + \frac{10}{3} = \frac{24}{3}$

8) $8\frac{1}{6} + 4\frac{5}{6} = 13\frac{0}{6}$
$\frac{49}{6} + \frac{29}{6} = \frac{78}{6}$

9) $6\frac{7}{10} + 5\frac{8}{10} = 12\frac{5}{10}$
$\frac{67}{10} + \frac{58}{10} = \frac{125}{10}$

10) $8\frac{2}{10} + 3\frac{2}{10} = 11\frac{4}{10}$
$\frac{82}{10} + \frac{32}{10} = \frac{114}{10}$

11) $4\frac{1}{2} + 2\frac{1}{2} = 7\frac{0}{2}$
$\frac{9}{2} + \frac{5}{2} = \frac{14}{2}$

12) $7\frac{8}{10} + 2\frac{7}{10} = 10\frac{5}{10}$
$\frac{78}{10} + \frac{27}{10} = \frac{105}{10}$

1. $13/8$
2. $17/12$
3. $2/4$
4. $9/3$
5. $12/4$
6. $41/8$
7. $24/3$
8. $78/6$
9. $125/10$
10. $114/10$
11. $14/2$
12. $105/10$

39

1) $5\frac{2}{4} - 3\frac{3}{4} = 1\frac{3}{4}$
$\frac{22}{4} - \frac{15}{4} = \frac{7}{4}$

2) $9\frac{5}{8} - 6\frac{4}{8} = 3\frac{1}{8}$
$\frac{77}{8} - \frac{52}{8} = \frac{25}{8}$

3) $9\frac{10}{12} - 9\frac{9}{12} = 0\frac{1}{12}$
$\frac{118}{12} - \frac{117}{12} = \frac{1}{12}$

4) $5\frac{1}{2} - 4\frac{1}{2} = 1\frac{0}{2}$
$\frac{11}{2} - \frac{9}{2} = \frac{2}{2}$

5) $9\frac{2}{3} - 5\frac{2}{3} = 4\frac{0}{3}$
$\frac{29}{3} - \frac{17}{3} = \frac{12}{3}$

6) $5\frac{3}{5} - 4\frac{2}{5} = 1\frac{1}{5}$
$\frac{28}{5} - \frac{22}{5} = \frac{6}{5}$

7) $7\frac{9}{12} + 1\frac{4}{12} = 9\frac{1}{12}$
$\frac{93}{12} + \frac{16}{12} = \frac{109}{12}$

8) $5\frac{4}{10} + 4\frac{5}{10} = 9\frac{9}{10}$
$\frac{54}{10} + \frac{45}{10} = \frac{99}{10}$

9) $7\frac{7}{8} + 5\frac{5}{8} = 13\frac{4}{8}$
$\frac{63}{8} + \frac{45}{8} = \frac{108}{8}$

10) $6\frac{2}{6} + 5\frac{1}{6} = 11\frac{3}{6}$
$\frac{38}{6} + \frac{31}{6} = \frac{69}{6}$

11) $4\frac{3}{5} + 1\frac{2}{5} = 6\frac{0}{5}$
$\frac{23}{5} + \frac{7}{5} = \frac{30}{5}$

12) $1\frac{2}{3} + 1\frac{2}{3} = 3\frac{1}{3}$
$\frac{5}{3} + \frac{5}{3} = \frac{10}{3}$

1. $7/4$
2. $25/8$
3. $1/12$
4. $2/2$
5. $12/3$
6. $6/5$
7. $109/12$
8. $99/10$
9. $108/8$
10. $69/6$
11. $30/5$
12. $10/3$

40

1) $9\frac{5}{12} - 6\frac{7}{12} = 2\frac{10}{12}$
$\frac{113}{12} - \frac{79}{12} = \frac{34}{12}$

2) $5\frac{5}{8} - 1\frac{5}{8} = 4\frac{0}{8}$
$\frac{45}{8} - \frac{13}{8} = \frac{32}{8}$

3) $5\frac{2}{6} - 3\frac{5}{6} = 1\frac{3}{6}$
$\frac{32}{6} - \frac{23}{6} = \frac{9}{6}$

4) $7\frac{7}{8} - 6\frac{1}{8} = 1\frac{6}{8}$
$\frac{63}{8} - \frac{49}{8} = \frac{14}{8}$

5) $7\frac{5}{12} - 3\frac{2}{12} = 4\frac{3}{12}$
$\frac{89}{12} - \frac{38}{12} = \frac{51}{12}$

6) $1\frac{3}{5} - 1\frac{1}{5} = 0\frac{2}{5}$
$\frac{8}{5} - \frac{6}{5} = \frac{2}{5}$

7) $7\frac{3}{5} + 1\frac{3}{5} = 9\frac{4}{5}$
$\frac{33}{5} + \frac{16}{5} = \frac{49}{5}$

8) $7\frac{3}{6} + 7\frac{1}{6} = 14\frac{4}{6}$
$\frac{45}{6} + \frac{43}{6} = \frac{88}{6}$

9) $9\frac{2}{3} + 6\frac{1}{3} = 16\frac{0}{3}$
$\frac{29}{3} + \frac{19}{3} = \frac{48}{3}$

10) $6\frac{2}{3} + 4\frac{2}{3} = 11\frac{1}{3}$
$\frac{20}{3} + \frac{14}{3} = \frac{34}{3}$

11) $9\frac{1}{4} + 5\frac{2}{4} = 14\frac{3}{4}$
$\frac{37}{4} + \frac{22}{4} = \frac{59}{4}$

12) $5\frac{3}{8} - 2\frac{7}{8} = 8\frac{2}{8}$
$\frac{43}{8} - \frac{23}{8} = \frac{66}{8}$

1. $34/12$
2. $32/8$
3. $9/6$
4. $14/8$
5. $51/12$
6. $2/5$
7. $49/5$
8. $88/6$
9. $48/3$
10. $34/3$
11. $59/4$
12. $66/8$

41

1) $2\frac{1}{3} - 1\frac{2}{3}$

$1\frac{4}{3} - 1\frac{2}{3} = \frac{2}{3}$

2) $3\frac{1}{4} - 1\frac{3}{4}$

$2\frac{5}{4} - 1\frac{3}{4} = \frac{2}{4}$

3) $6\frac{1}{8} - 4\frac{4}{8} =$

$5\frac{9}{8} - 4\frac{4}{8} = \frac{5}{8}$

4) $2\frac{2}{7} - 1\frac{5}{7} =$

$1\frac{9}{7} - 1\frac{5}{7} = \frac{4}{7}$

5) $10\frac{1}{3} - 1\frac{2}{3} =$

$9\frac{4}{3} - 1\frac{2}{3} = 8\frac{2}{3}$

6) $7\frac{2}{5} - 2\frac{4}{5} =$

$6\frac{7}{5} - 2\frac{4}{5} = 4\frac{3}{5}$

7) $4\frac{1}{10} - 1\frac{4}{10}$

$3\frac{11}{10} - 1\frac{4}{10} = 2\frac{7}{10}$

8) $5\frac{1}{7} - 2\frac{5}{7} =$

$4\frac{8}{7} - 2\frac{5}{7} = 2\frac{3}{7}$

9) $9\frac{4}{9} - 3\frac{7}{9}$

$8\frac{13}{9} - 3\frac{7}{9} = 5\frac{6}{9}$

10) $8\frac{1}{3} - 6\frac{2}{3} =$

$7\frac{4}{3} - 6\frac{2}{3} = 1\frac{2}{3}$

11) $8\frac{2}{4} - 5\frac{3}{4}$

$7\frac{6}{4} - 5\frac{3}{4} = 2\frac{3}{4}$

12) $2\frac{4}{8} - 1\frac{5}{8}$

$1\frac{12}{8} - 1\frac{5}{8} = \frac{7}{8}$

13) $5\frac{5}{7} - 1\frac{6}{7} =$

$4\frac{12}{7} - 1\frac{6}{7} = 3\frac{6}{7}$

14) $8\frac{4}{10} - 3\frac{8}{10}$

$7\frac{14}{10} - 3\frac{8}{10} = 4\frac{6}{10}$

15) $6\frac{1}{3} - 2\frac{2}{3} =$

16) $9\frac{1}{7} - 7\frac{2}{7} =$

1. $\frac{2}{3}$
2. $1\frac{2}{4}$
3. $1\frac{5}{8}$
4. $\frac{4}{7}$
5. $8\frac{2}{3}$
6. $4\frac{3}{5}$
7. $2\frac{7}{10}$
8. $2\frac{3}{7}$
9. $5\frac{6}{9}$
10. $1\frac{2}{3}$
11. $2\frac{3}{4}$
12. $\frac{7}{8}$
13. $3\frac{6}{7}$
14. $4\frac{6}{10}$
15. $3\frac{2}{3}$
16. $1\frac{6}{7}$

42

1) $5\frac{3}{6} - 2\frac{4}{6}$

$4\frac{9}{6} - 2\frac{4}{6} = \frac{5}{6}$

2) $10\frac{1}{5} - 7\frac{2}{5} =$

$9\frac{6}{5} - 7\frac{2}{5} = 2\frac{4}{5}$

3) $7\frac{2}{10} - 4\frac{8}{10} =$

$6\frac{12}{10} - 4\frac{8}{10} = 2\frac{4}{10}$

4) $3\frac{1}{3} - 1\frac{2}{3} =$

$2\frac{4}{3} - 1\frac{2}{3} = 1\frac{2}{3}$

5) $4\frac{1}{4} - 3\frac{2}{4} =$

$3\frac{5}{4} - 3\frac{2}{4} = \frac{3}{4}$

6) $2\frac{1}{8} - 1\frac{2}{8} =$

$1\frac{9}{8} - 1\frac{2}{8} = \frac{7}{8}$

7) $9\frac{4}{10} - 5\frac{8}{10}$

$8\frac{14}{10} - 5\frac{8}{10} = 3\frac{6}{10}$

8) $4\frac{1}{3} - 1\frac{2}{3}$

$3\frac{4}{3} - 1\frac{2}{3} = 2\frac{2}{3}$

9) $6\frac{1}{9} - 3\frac{4}{9}$

$5\frac{10}{9} - 3\frac{4}{9} = 2\frac{6}{9}$

10) $5\frac{1}{3} - 1\frac{2}{3} =$

$4\frac{4}{3} - 1\frac{2}{3} = 3\frac{2}{3}$

11) $8\frac{1}{3} - 1\frac{2}{3} =$

$7\frac{4}{3} - 1\frac{2}{3} = 6\frac{2}{3}$

12) $6\frac{1}{5} - 4\frac{2}{5}$

$5\frac{6}{5} - 4\frac{2}{5} = 1\frac{4}{5}$

13) $5\frac{1}{9} - 3\frac{7}{9} =$

$4\frac{10}{9} - 3\frac{7}{9} = 1\frac{3}{9}$

14) $6\frac{1}{7} - 5\frac{2}{7} =$

$5\frac{8}{7} - 5\frac{2}{7} = \frac{5}{7}$

15) $6\frac{2}{6} - 3\frac{3}{6} =$

16) $9\frac{5}{8} - 3\frac{6}{8} =$

1. $2\frac{5}{6}$
2. $2\frac{3}{8}$
3. $2\frac{4}{10}$
4. $1\frac{2}{3}$
5. $\frac{3}{4}$
6. $\frac{7}{8}$
7. $3\frac{6}{10}$
8. $2\frac{2}{3}$
9. $2\frac{6}{9}$
10. $3\frac{2}{3}$
11. $6\frac{2}{3}$
12. $1\frac{4}{5}$
13. $1\frac{3}{9}$
14. $\frac{5}{7}$
15. $2\frac{5}{6}$
16. $5\frac{7}{8}$

43

1) $6\frac{6}{9} - 5\frac{7}{9}$

$5\frac{15}{9} - 5\frac{7}{9} = \frac{8}{9}$

2) $9\frac{1}{8} - 7\frac{2}{8}$

$8\frac{9}{8} - 7\frac{2}{8} = 1\frac{7}{8}$

3) $10\frac{8}{10} - 2\frac{9}{10} =$

$9\frac{18}{10} - 2\frac{9}{10} = 7\frac{9}{10}$

4) $6\frac{4}{7} - 3\frac{6}{7}$

$5\frac{11}{7} - 3\frac{6}{7} = 2\frac{5}{7}$

5) $2\frac{1}{3} - 1\frac{2}{3}$

$1\frac{4}{3} - 1\frac{2}{3} = \frac{2}{3}$

6) $8\frac{1}{4} - 3\frac{3}{4} =$

$7\frac{5}{4} - 3\frac{3}{4} = 4\frac{2}{4}$

7) $4\frac{2}{10} - 1\frac{5}{10}$

$3\frac{12}{10} - 1\frac{5}{10} = 2\frac{7}{10}$

8) $2\frac{8}{10} - 1\frac{9}{10}$

$1\frac{18}{10} - 1\frac{9}{10} = \frac{9}{10}$

9) $6\frac{1}{4} - 2\frac{3}{4}$

$5\frac{5}{4} - 2\frac{3}{4} = 3\frac{2}{4}$

10) $10\frac{1}{3} - 7\frac{2}{3}$

$9\frac{4}{3} - 7\frac{2}{3} = 2\frac{2}{3}$

11) $6\frac{1}{7} - 4\frac{2}{7}$

$5\frac{8}{7} - 4\frac{2}{7} = 1\frac{6}{7}$

12) $3\frac{2}{5} - 1\frac{3}{5}$

$2\frac{7}{5} - 1\frac{3}{5} = 1\frac{4}{5}$

13) $5\frac{1}{6} - 4\frac{2}{6}$

$4\frac{7}{6} - 4\frac{2}{6} = \frac{5}{6}$

14) $9\frac{1}{3} - 4\frac{2}{3}$

$8\frac{4}{3} - 4\frac{2}{3} = 4\frac{2}{3}$

15) $7\frac{1}{10} - 6\frac{3}{10} =$

16) $10\frac{1}{6} - 4\frac{3}{6} =$

1. $\frac{8}{9}$
2. $1\frac{7}{8}$
3. $7\frac{9}{10}$
4. $2\frac{5}{7}$
5. $\frac{2}{3}$
6. $4\frac{2}{4}$
7. $2\frac{7}{10}$
8. $\frac{9}{10}$
9. $3\frac{2}{4}$
10. $2\frac{2}{3}$
11. $1\frac{6}{7}$
12. $1\frac{4}{5}$
13. $\frac{5}{6}$
14. $4\frac{2}{3}$
15. $\frac{8}{10}$
16. $5\frac{4}{6}$

44

1) $4\frac{1}{3} - 2\frac{2}{3} =$

$3\frac{4}{3} - 2\frac{2}{3} = 1\frac{2}{3}$

2) $5\frac{2}{7} - 3\frac{6}{7}$

$4\frac{9}{7} - 3\frac{6}{7} = 1\frac{3}{7}$

3) $4\frac{2}{8} - 3\frac{5}{8}$

$3\frac{10}{8} - 3\frac{5}{8} = \frac{5}{8}$

4) $5\frac{1}{3} - 3\frac{2}{3}$

$4\frac{4}{3} - 3\frac{2}{3} = 1\frac{2}{3}$

5) $9\frac{2}{10} - 3\frac{3}{10}$

$8\frac{12}{10} - 3\frac{3}{10} = 5\frac{9}{10}$

6) $10\frac{2}{7} - 9\frac{3}{7} =$

$9\frac{9}{7} - 9\frac{3}{7} = \frac{6}{7}$

7) $6\frac{1}{10} - 2\frac{5}{10}$

$5\frac{12}{10} - 2\frac{5}{10} = 3\frac{7}{10}$

8) $2\frac{1}{6} - 1\frac{2}{6}$

$1\frac{7}{6} - 1\frac{2}{6} = \frac{5}{6}$

9) $9\frac{2}{7} - 1\frac{3}{7}$

$8\frac{9}{7} - 1\frac{3}{7} = 7\frac{6}{7}$

10) $6\frac{6}{9} - 5\frac{7}{9}$

$5\frac{15}{9} - 5\frac{7}{9} = \frac{8}{9}$

11) $6\frac{1}{3} - 4\frac{2}{3}$

$5\frac{4}{3} - 4\frac{2}{3} = 1\frac{2}{3}$

12) $5\frac{4}{6} - 2\frac{5}{6}$

$4\frac{10}{6} - 2\frac{5}{6} = 2\frac{5}{6}$

13) $7\frac{1}{10} - 5\frac{2}{10}$

$6\frac{11}{10} - 5\frac{2}{10} = 1\frac{9}{10}$

14) $5\frac{1}{4} - 1\frac{3}{4} =$

$4\frac{5}{4} - 1\frac{3}{4} = 3\frac{2}{4}$

15) $6\frac{2}{10} - 5\frac{4}{10} =$

16) $7\frac{3}{7} - 2\frac{5}{7} =$

1. $1\frac{2}{3}$
2. $1\frac{3}{7}$
3. $\frac{5}{8}$
4. $1\frac{2}{3}$
5. $5\frac{9}{10}$
6. $\frac{6}{7}$
7. $3\frac{7}{10}$
8. $\frac{5}{6}$
9. $7\frac{6}{7}$
10. $\frac{8}{9}$
11. $1\frac{2}{3}$
12. $2\frac{5}{6}$
13. $1\frac{9}{10}$
14. $3\frac{2}{4}$
15. $\frac{8}{10}$
16. $4\frac{5}{7}$

45

1) $10\frac{1}{4} - 2\frac{2}{4} =$
$9\frac{5}{4} - 2\frac{2}{4} = 7\frac{3}{4}$

2) $4\frac{6}{9} - 1\frac{8}{9} =$
$3\frac{15}{9} - 1\frac{8}{9} = 2\frac{7}{9}$

3) $9\frac{1}{3} - 5\frac{2}{3} =$
$8\frac{4}{3} - 5\frac{2}{3} = 3\frac{2}{3}$

4) $8\frac{1}{6} - 6\frac{4}{6} =$
$7\frac{7}{6} - 6\frac{4}{6} = 1\frac{3}{6}$

5) $6\frac{2}{8} - 1\frac{5}{8} =$
$5\frac{10}{8} - 1\frac{5}{8} = 4\frac{5}{8}$

6) $3\frac{1}{8} - 2\frac{6}{8} =$
$2\frac{9}{8} - 2\frac{6}{8} = \frac{3}{8}$

7) $6\frac{2}{9} - 5\frac{6}{9} =$
$5\frac{11}{9} - 5\frac{6}{9} = \frac{5}{9}$

8) $10\frac{1}{7} - 7\frac{5}{7} =$
$9\frac{8}{7} - 7\frac{5}{7} = 2\frac{3}{7}$

9) $8\frac{1}{3} - 2\frac{2}{3} =$
$7\frac{4}{3} - 2\frac{2}{3} = 5\frac{2}{3}$

10) $2\frac{1}{5} - 1\frac{3}{5} =$
$1\frac{6}{5} - 1\frac{3}{5} = \frac{3}{5}$

11) $4\frac{1}{4} - 1\frac{2}{4} =$
$3\frac{5}{4} - 1\frac{2}{4} = 2\frac{3}{4}$

12) $6\frac{1}{6} - 1\frac{2}{6} =$
$5\frac{7}{6} - 1\frac{2}{6} = 4\frac{5}{6}$

13) $6\frac{3}{10} - 5\frac{7}{10} =$
$5\frac{13}{10} - 5\frac{7}{10} = \frac{6}{10}$

14) $8\frac{1}{8} - 2\frac{2}{8} =$
$7\frac{9}{8} - 2\frac{2}{8} = 5\frac{7}{8}$

15) $3\frac{1}{6} - 2\frac{4}{6} =$

16) $8\frac{2}{7} - 2\frac{3}{7} =$

1. $7\frac{3}{4}$
2. $2\frac{7}{9}$
3. $3\frac{2}{3}$
4. $1\frac{3}{6}$
5. $4\frac{5}{8}$
6. $\frac{3}{8}$
7. $\frac{5}{9}$
8. $2\frac{3}{7}$
9. $5\frac{2}{3}$
10. $\frac{3}{5}$
11. $2\frac{3}{4}$
12. $4\frac{5}{6}$
13. $\frac{6}{10}$
14. $5\frac{7}{8}$
15. $\frac{3}{6}$
16. $5\frac{6}{7}$

46

1) $8\frac{1}{4} - 7\frac{2}{4} =$
$7\frac{5}{4} - 7\frac{2}{4} = \frac{3}{4}$

2) $7\frac{2}{5} - 4\frac{4}{5} =$
$6\frac{7}{5} - 4\frac{4}{5} = 2\frac{3}{5}$

3) $8\frac{4}{8} - 3\frac{6}{8} =$
$7\frac{12}{8} - 3\frac{6}{8} = 4\frac{6}{8}$

4) $7\frac{3}{9} - 5\frac{5}{9} =$
$6\frac{12}{9} - 5\frac{5}{9} = 1\frac{7}{9}$

5) $2\frac{2}{5} - 1\frac{3}{5} =$
$1\frac{7}{5} - 1\frac{3}{5} = \frac{4}{5}$

6) $5\frac{2}{10} - 1\frac{3}{10} =$
$4\frac{12}{10} - 1\frac{3}{10} = 3\frac{9}{10}$

7) $2\frac{1}{7} - 1\frac{2}{7} =$
$1\frac{8}{7} - 1\frac{2}{7} = \frac{6}{7}$

8) $9\frac{2}{4} - 5\frac{3}{4} =$
$8\frac{6}{4} - 5\frac{3}{4} = 3\frac{3}{4}$

9) $2\frac{7}{9} - 1\frac{8}{9} =$
$1\frac{16}{9} - 1\frac{8}{9} = \frac{8}{9}$

10) $9\frac{1}{8} - 1\frac{5}{8} =$
$8\frac{9}{8} - 1\frac{5}{8} = 7\frac{4}{8}$

11) $2\frac{1}{8} - 1\frac{2}{8} =$
$1\frac{9}{8} - 1\frac{2}{8} = \frac{7}{8}$

12) $2\frac{4}{10} - 1\frac{8}{10} =$
$1\frac{14}{10} - 1\frac{8}{10} = \frac{6}{10}$

13) $5\frac{1}{3} - 4\frac{2}{3} =$
$4\frac{4}{3} - 4\frac{2}{3} = \frac{2}{3}$

14) $10\frac{3}{10} - 7\frac{7}{10} =$
$9\frac{13}{10} - 7\frac{7}{10} = 2\frac{6}{10}$

15) $10\frac{1}{4} - 5\frac{2}{4} =$

16) $4\frac{2}{5} - 2\frac{4}{5} =$

1. $\frac{3}{4}$
2. $2\frac{3}{5}$
3. $4\frac{6}{8}$
4. $1\frac{7}{9}$
5. $\frac{4}{5}$
6. $3\frac{9}{10}$
7. $\frac{6}{7}$
8. $3\frac{3}{4}$
9. $\frac{8}{9}$
10. $7\frac{4}{8}$
11. $\frac{7}{8}$
12. $\frac{6}{10}$
13. $\frac{2}{3}$
14. $2\frac{6}{10}$
15. $4\frac{3}{4}$
16. $1\frac{3}{5}$

47

1) $2\frac{1}{4} - 1\frac{2}{4} =$
$1\frac{5}{4} - 1\frac{2}{4} = \frac{3}{4}$

2) $7\frac{1}{3} - 6\frac{2}{3} =$
$6\frac{4}{3} - 6\frac{2}{3} = \frac{2}{3}$

3) $9\frac{1}{8} - 7\frac{4}{8} =$
$8\frac{9}{8} - 7\frac{4}{8} = 1\frac{5}{8}$

4) $8\frac{1}{6} - 1\frac{4}{6} =$
$7\frac{7}{6} - 1\frac{4}{6} = 6\frac{3}{6}$

5) $10\frac{1}{3} - 2\frac{2}{3} =$
$9\frac{4}{3} - 2\frac{2}{3} = 7\frac{2}{3}$

6) $8\frac{3}{7} - 7\frac{4}{7} =$
$7\frac{10}{7} - 7\frac{4}{7} = \frac{6}{7}$

7) $5\frac{4}{8} - 4\frac{5}{8} =$
$4\frac{12}{8} - 4\frac{5}{8} = \frac{7}{8}$

8) $8\frac{1}{8} - 6\frac{2}{8} =$
$7\frac{9}{8} - 6\frac{2}{8} = 1\frac{7}{8}$

9) $10\frac{1}{6} - 5\frac{2}{6} =$
$9\frac{7}{6} - 5\frac{2}{6} = 4\frac{5}{6}$

10) $7\frac{1}{4} - 3\frac{2}{4} =$
$6\frac{5}{4} - 3\frac{2}{4} = 3\frac{3}{4}$

11) $4\frac{1}{7} - 2\frac{5}{7} =$
$3\frac{8}{7} - 2\frac{5}{7} = 1\frac{3}{7}$

12) $4\frac{1}{7} - 2\frac{2}{7} =$
$3\frac{8}{7} - 2\frac{2}{7} = 1\frac{6}{7}$

13) $7\frac{3}{6} - 6\frac{4}{6} =$
$6\frac{9}{6} - 6\frac{4}{6} = \frac{5}{6}$

14) $4\frac{1}{4} - 1\frac{2}{4} =$
$3\frac{5}{4} - 1\frac{2}{4} = 2\frac{3}{4}$

15) $2\frac{1}{5} - 1\frac{2}{5} =$

16) $5\frac{1}{5} - 3\frac{3}{5} =$

1. $\frac{3}{4}$
2. $\frac{2}{3}$
3. $1\frac{5}{8}$
4. $6\frac{3}{6}$
5. $7\frac{2}{3}$
6. $\frac{6}{7}$
7. $\frac{7}{8}$
8. $1\frac{7}{8}$
9. $4\frac{5}{6}$
10. $3\frac{3}{4}$
11. $1\frac{3}{7}$
12. $1\frac{6}{7}$
13. $\frac{5}{6}$
14. $2\frac{3}{4}$
15. $\frac{4}{5}$
16. $1\frac{3}{5}$

48

1) $7\frac{2}{10} - 6\frac{3}{10} =$
$6\frac{12}{10} - 6\frac{3}{10} = \frac{9}{10}$

2) $2\frac{1}{4} - 1\frac{3}{4} =$
$1\frac{5}{4} - 1\frac{3}{4} = \frac{2}{4}$

3) $7\frac{1}{6} - 6\frac{2}{6} =$
$6\frac{7}{6} - 6\frac{2}{6} = \frac{5}{6}$

4) $6\frac{3}{10} - 5\frac{4}{10} =$
$5\frac{13}{10} - 5\frac{4}{10} = \frac{9}{10}$

5) $2\frac{1}{3} - 1\frac{2}{3} =$
$1\frac{4}{3} - 1\frac{2}{3} = \frac{2}{3}$

6) $10\frac{5}{9} - 4\frac{7}{9} =$
$9\frac{14}{9} - 4\frac{7}{9} = 5\frac{7}{9}$

7) $9\frac{1}{8} - 8\frac{2}{8} =$
$8\frac{9}{8} - 8\frac{2}{8} = \frac{7}{8}$

8) $7\frac{2}{5} - 4\frac{4}{5} =$
$6\frac{7}{5} - 4\frac{4}{5} = 2\frac{3}{5}$

9) $4\frac{1}{7} - 1\frac{5}{7} =$
$3\frac{11}{7} - 1\frac{5}{7} = 2\frac{6}{7}$

10) $4\frac{3}{10} - 1\frac{7}{10} =$
$3\frac{13}{10} - 1\frac{7}{10} = 2\frac{6}{10}$

11) $10\frac{1}{5} - 7\frac{3}{5} =$
$9\frac{6}{5} - 7\frac{3}{5} = 2\frac{3}{5}$

12) $2\frac{4}{7} - 1\frac{6}{7} =$
$1\frac{11}{7} - 1\frac{6}{7} = \frac{5}{7}$

13) $5\frac{1}{3} - 4\frac{2}{3} =$
$4\frac{4}{3} - 4\frac{2}{3} = \frac{2}{3}$

14) $9\frac{2}{5} - 3\frac{3}{5} =$
$8\frac{7}{5} - 3\frac{3}{5} = 5\frac{4}{5}$

15) $9\frac{1}{3} - 8\frac{2}{3} =$

16) $10\frac{1}{5} - 8\frac{3}{5} =$

1. $\frac{9}{10}$
2. $\frac{2}{4}$
3. $\frac{5}{6}$
4. $\frac{9}{10}$
5. $\frac{2}{3}$
6. $5\frac{7}{9}$
7. $\frac{7}{8}$
8. $2\frac{3}{5}$
9. $2\frac{6}{7}$
10. $2\frac{6}{10}$
11. $2\frac{3}{5}$
12. $\frac{5}{7}$
13. $\frac{2}{3}$
14. $5\frac{4}{5}$
15. $\frac{2}{3}$
16. $1\frac{3}{5}$

49

1) $5\frac{1}{5} - 2\frac{2}{5} =$

2) $8\frac{1}{5} - 2\frac{3}{5} =$

3) $4\frac{1}{5} - 2\frac{4}{5} =$

4) $4\frac{1}{8} - 3\frac{5}{8} =$

5) $7\frac{4}{8} - 3\frac{7}{8} =$

6) $6\frac{1}{6} - 5\frac{4}{6} =$

7) $2\frac{3}{6} - 1\frac{4}{6} =$

8) $10\frac{1}{6} - 6\frac{4}{6} =$

9) $6\frac{1}{3} - 3\frac{2}{3} =$

10) $5\frac{1}{5} - 2\frac{4}{5} =$

11) $2\frac{2}{4} - 1\frac{3}{4} =$

12) $10\frac{1}{3} - 7\frac{2}{3} =$

13) $2\frac{2}{10} - 1\frac{4}{10} =$

14) $10\frac{3}{8} - 7\frac{7}{8} =$

15) $3\frac{5}{10} - 2\frac{9}{10} =$

16) $7\frac{2}{10} - 3\frac{9}{10} =$

1. $2\frac{4}{5}$
2. $5\frac{1}{5}$
3. $1\frac{2}{5}$
4. $\frac{4}{8}$
5. $3\frac{5}{8}$
6. $\frac{1}{6}$
7. $\frac{5}{6}$
8. $3\frac{5}{6}$
9. $2\frac{2}{3}$
10. $2\frac{2}{5}$
11. $\frac{3}{4}$
12. $2\frac{2}{3}$
13. $\frac{8}{10}$
14. $2\frac{5}{8}$
15. $\frac{6}{10}$
16. $3\frac{3}{10}$

50

1) $9\frac{5}{9} - 4\frac{7}{9} =$

2) $10\frac{4}{8} - 1\frac{6}{8} =$

3) $7\frac{1}{8} - 2\frac{3}{8} =$

4) $8\frac{1}{8} - 1\frac{2}{8} =$

5) $7\frac{1}{3} - 6\frac{2}{3} =$

6) $6\frac{2}{8} - 5\frac{6}{8} =$

7) $7\frac{1}{5} - 3\frac{3}{5} =$

8) $3\frac{2}{7} - 1\frac{3}{7} =$

9) $8\frac{5}{10} - 1\frac{9}{10} =$

10) $6\frac{1}{3} - 2\frac{2}{3} =$

11) $3\frac{5}{10} - 2\frac{6}{10} =$

12) $3\frac{2}{4} - 2\frac{3}{4} =$

13) $3\frac{2}{5} - 2\frac{3}{5} =$

14) $10\frac{1}{8} - 8\frac{2}{8} =$

15) $2\frac{3}{7} - 1\frac{5}{7} =$

16) $6\frac{1}{8} - 2\frac{7}{8} =$

1. $4\frac{7}{9}$
2. $8\frac{6}{8}$
3. $4\frac{6}{8}$
4. $6\frac{7}{8}$
5. $\frac{2}{3}$
6. $\frac{4}{8}$
7. $3\frac{3}{5}$
8. $1\frac{6}{7}$
9. $6\frac{6}{10}$
10. $3\frac{2}{3}$
11. $\frac{9}{10}$
12. $\frac{3}{4}$
13. $\frac{4}{5}$
14. $1\frac{7}{8}$
15. $\frac{5}{7}$
16. $3\frac{2}{8}$

51

Ex) $\frac{1}{4} + \frac{1}{4}$

1) $\frac{1}{6} + \frac{1}{6}$

2) $\frac{1}{4} + \frac{1}{4} + \frac{1}{4}$

3) $\frac{1}{12} + \frac{1}{12} + \frac{1}{12}$

4) $\frac{1}{4} + \frac{1}{4} + \frac{1}{4} + \frac{1}{4}$

5) $\frac{1}{10} + \frac{1}{10} + \frac{1}{10} + \frac{1}{10} + \frac{1}{10} + \frac{1}{10} + \frac{1}{10}$

6) $\frac{1}{12} + \frac{1}{12} + \frac{1}{12} + \frac{1}{12}$

7) $\frac{1}{4} + \frac{1}{3} + \frac{1}{6}$

8) $\frac{1}{8} + \frac{1}{3}$

9) $\frac{1}{6} + \frac{1}{6} + \frac{1}{6} + \frac{1}{6} + \frac{1}{6}$

10) $\frac{1}{3} + \frac{1}{3}$

11) $\frac{1}{10} + \frac{1}{10} + \frac{1}{10} + \frac{1}{10} + \frac{1}{10}$

12) $\frac{1}{12} + \frac{1}{12} + \frac{1}{12} + \frac{1}{12} + \frac{1}{12} + \frac{1}{12}$

13) $\frac{1}{10} + \frac{1}{10} + \frac{1}{10}$

14) $\frac{1}{8} + \frac{1}{8}$

15) $\frac{1}{8} + \frac{1}{8} + \frac{1}{8} + \frac{1}{8} + \frac{1}{8} + \frac{1}{8} + \frac{1}{8}$

A. B. C. D. E. F. G. H. I. J. K. L. M. N. O. P.

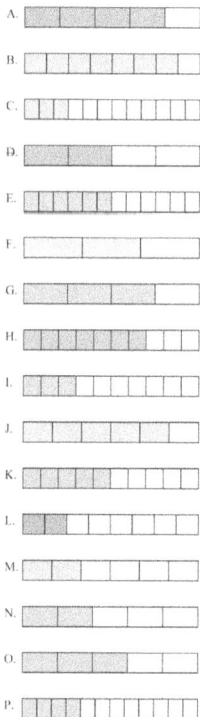

Ex. D $\frac{2}{4}$
1. M $\frac{2}{6}$
2. G $\frac{3}{4}$
3. C $\frac{3}{12}$
4. A $\frac{4}{4}$
5. H $\frac{7}{10}$
6. P $\frac{4}{12}$
7. O $\frac{3}{4}$
8. N $\frac{3}{5}$
9. J $\frac{5}{6}$
10. F $\frac{2}{3}$
11. K $\frac{5}{10}$
12. E $\frac{6}{12}$
13. I $\frac{3}{10}$
14. L $\frac{2}{8}$
15. B $\frac{7}{8}$

52

Ex) $\frac{1}{10} + \frac{1}{10}$

1) $\frac{1}{3} + \frac{1}{3}$

2) $\frac{1}{5} + \frac{1}{5} + \frac{1}{5}$

3) $\frac{1}{6} + \frac{1}{6}$

4) $\frac{1}{4} + \frac{1}{4} + \frac{1}{4}$

5) $\frac{1}{10} + \frac{1}{10} + \frac{1}{10} + \frac{1}{10} + \frac{1}{10}$

6) $\frac{1}{12} + \frac{1}{12} + \frac{1}{12} + \frac{1}{12}$

7) $\frac{1}{6} + \frac{1}{6} + \frac{1}{6} + \frac{1}{6}$

8) $\frac{1}{12} + \frac{1}{12} + \frac{1}{12} + \frac{1}{12} + \frac{1}{12} + \frac{1}{12}$

9) $\frac{1}{10} + \frac{1}{10} + \frac{1}{10} + \frac{1}{10} + \frac{1}{10} + \frac{1}{10}$

10) $\frac{1}{8} + \frac{1}{8} + \frac{1}{8} + \frac{1}{8} + \frac{1}{8}$

11) $\frac{1}{12} + \frac{1}{12} + \frac{1}{12}$

12) $\frac{1}{12} + \frac{1}{12} + \frac{1}{12} + \frac{1}{12} + \frac{1}{12}$

13) $\frac{1}{5} + \frac{1}{5}$

14) $\frac{1}{4} + \frac{1}{4}$

15) $\frac{1}{8} + \frac{1}{8}$

A. B. C. D. E. F. G. H. I. J. K. L. M. N. O. P.

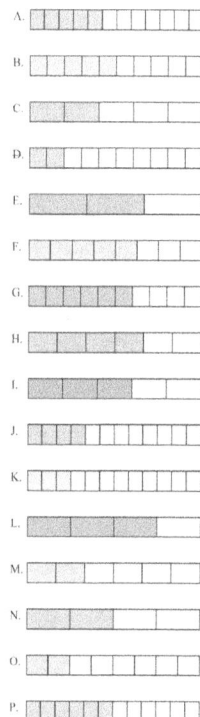

Ex. D $\frac{2}{10}$
1. E $\frac{2}{3}$
2. I $\frac{3}{5}$
3. M $\frac{2}{6}$
4. L $\frac{3}{4}$
5. B $\frac{5}{10}$
6. J $\frac{4}{12}$
7. H $\frac{4}{6}$
8. P $\frac{6}{12}$
9. G $\frac{6}{10}$
10. F $\frac{5}{8}$
11. K $\frac{3}{12}$
12. A $\frac{6}{12}$
13. C $\frac{2}{5}$
14. N $\frac{2}{4}$
15. O $\frac{2}{8}$

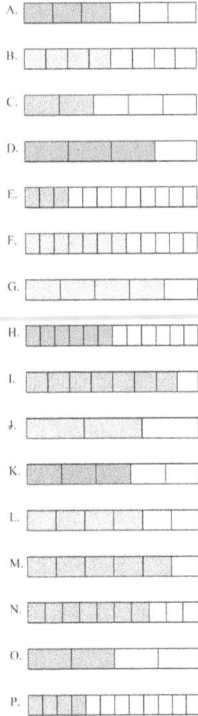
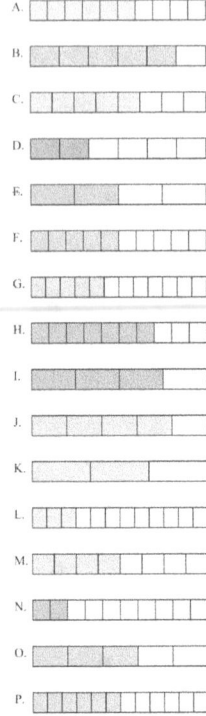
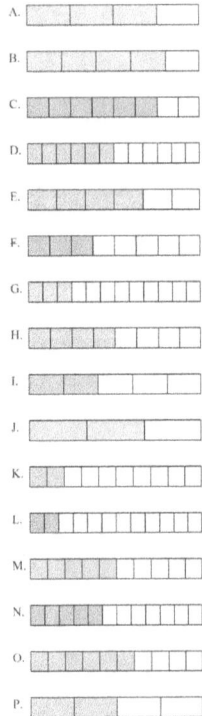
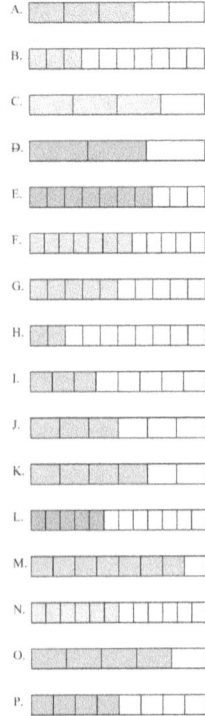

53

Ex) $\frac{1}{3} + \frac{1}{3}$

1) $\frac{1}{6} + \frac{1}{6} + \frac{1}{6}$

2) $\frac{1}{8} + \frac{1}{8} + \frac{1}{8} + \frac{1}{8}$

3) $\frac{1}{4} + \frac{1}{4}$

4) $\frac{1}{3} + \frac{1}{3} + \frac{1}{3}$

5) $\frac{1}{4} + \frac{1}{4}$

6) $\frac{1}{12} + \frac{1}{12} + \frac{1}{12} + \frac{1}{12} + \frac{1}{12} + \frac{1}{12} + \frac{1}{12}$

7) $\frac{1}{12} + \frac{1}{12} + \frac{1}{12} + \frac{1}{12} + \frac{1}{12} + \frac{1}{12}$

8) $\frac{1}{6} + \frac{1}{6} + \frac{1}{6} + \frac{1}{6} - \frac{1}{6}$

9) $\frac{1}{4} + \frac{1}{4} + \frac{1}{4}$

10) $\frac{1}{10} + \frac{1}{10} + \frac{1}{10} + \frac{1}{10} + \frac{1}{10} + \frac{1}{10} + \frac{1}{10}$

11) $\frac{1}{8} + \frac{1}{8} + \frac{1}{8} + \frac{1}{8} - \frac{1}{8} + \frac{1}{8} + \frac{1}{8}$

12) $\frac{1}{4} + \frac{1}{4} + \frac{1}{5} + \frac{1}{3}$

13) $\frac{1}{12} + \frac{1}{12} + \frac{1}{12} + \frac{1}{12}$

14) $\frac{1}{12} + \frac{1}{12} + \frac{1}{12}$

15) $\frac{1}{6} + \frac{1}{6} + \frac{1}{6} + \frac{1}{6}$

Ex. J $\frac{2}{3}$
1. A $\frac{3}{6}$
2. B $\frac{4}{8}$
3. O $\frac{2}{4}$
4. K $\frac{3}{8}$
5. C $\frac{2}{5}$
6. F $\frac{7}{12}$
7. H $\frac{6}{12}$
8. M $\frac{9}{6}$
9. D $\frac{3}{4}$
10. N $\frac{7}{10}$
11. I $\frac{7}{8}$
12. G $\frac{4}{5}$
13. P $\frac{4}{12}$
14. E $\frac{3}{12}$
15. L $\frac{4}{6}$

54

Ex) $\frac{1}{4} + \frac{1}{4}$

1) $\frac{1}{8} + \frac{1}{8} + \frac{1}{8} + \frac{1}{8} + \frac{1}{8}$

2) $\frac{1}{6} + \frac{1}{6}$

3) $\frac{1}{10} + \frac{1}{10} + \frac{1}{10} + \frac{1}{10} + \frac{1}{10} + \frac{1}{10}$

4) $\frac{1}{8} + \frac{1}{8} + \frac{1}{8} + \frac{1}{8}$

5) $\frac{1}{12} + \frac{1}{12} + \frac{1}{12} + \frac{1}{12} + \frac{1}{12} + \frac{1}{12}$

6) $\frac{1}{10} + \frac{1}{10} + \frac{1}{10} + \frac{1}{10} + \frac{1}{10} + \frac{1}{10} + \frac{1}{10}$

7) $\frac{1}{10} + \frac{1}{10} + \frac{1}{10} + \frac{1}{10} + \frac{1}{10}$

8) $\frac{1}{4} + \frac{1}{4} + \frac{1}{4}$

9) $\frac{1}{3} + \frac{1}{3} + \frac{1}{3}$

10) $\frac{1}{12} + \frac{1}{12} + \frac{1}{12}$

11) $\frac{1}{6} + \frac{1}{6} + \frac{1}{6} + \frac{1}{6} - \frac{1}{6}$

12) $\frac{1}{12} + \frac{1}{12} + \frac{1}{12} + \frac{1}{12} + \frac{1}{12}$

13) $\frac{1}{10} + \frac{1}{10}$

14) $\frac{1}{4} + \frac{1}{3} + \frac{1}{4} + \frac{1}{2}$

15) $\frac{1}{3} + \frac{1}{3}$

Ex. L $\frac{2}{4}$
1. C $\frac{5}{8}$
2. D $\frac{2}{6}$
3. A $\frac{6}{10}$
4. M $\frac{4}{12}$
5. P $\frac{6}{12}$
6. H $\frac{7}{10}$
7. F $\frac{5}{10}$
8. I $\frac{3}{4}$
9. O $\frac{3}{4}$
10. L $\frac{3}{12}$
11. B $\frac{5}{6}$
12. G $\frac{5}{12}$
13. N $\frac{2}{10}$
14. J $\frac{4}{6}$
15. K $\frac{2}{3}$

55

Ex) $\frac{1}{8} + \frac{1}{8} + \frac{1}{8}$

1) $\frac{1}{5} + \frac{1}{5}$

2) $\frac{1}{4} + \frac{1}{4}$

3) $\frac{1}{12} + \frac{1}{12} + \frac{1}{12}$

4) $\frac{1}{6} + \frac{1}{6} + \frac{1}{6} + \frac{1}{6}$

5) $\frac{1}{10} + \frac{1}{10}$

6) $\frac{1}{12} + \frac{1}{12} + \frac{1}{12} + \frac{1}{12} + \frac{1}{12} + \frac{1}{12}$

7) $\frac{1}{5} + \frac{1}{5} + \frac{1}{5} + \frac{1}{5}$

8) $\frac{1}{3} + \frac{1}{3}$

9) $\frac{1}{12} + \frac{1}{12}$

10) $\frac{1}{10} + \frac{1}{10} + \frac{1}{10} + \frac{1}{10} + \frac{1}{10} + \frac{1}{10}$

11) $\frac{1}{10} + \frac{1}{10} + \frac{1}{10} + \frac{1}{10} + \frac{1}{10}$

12) $\frac{1}{4} + \frac{1}{4} + \frac{1}{4}$

13) $\frac{1}{8} + \frac{1}{8} + \frac{1}{8} + \frac{1}{8}$

14) $\frac{1}{12} + \frac{1}{12} + \frac{1}{12} + \frac{1}{12} + \frac{1}{12} + \frac{1}{12}$

15) $\frac{1}{8} + \frac{1}{8} + \frac{1}{8} + \frac{1}{8} - \frac{1}{8} + \frac{1}{8}$

Ex. F $\frac{3}{8}$
1. I $\frac{2}{5}$
2. P $\frac{1}{4}$
3. G $\frac{3}{12}$
4. E $\frac{4}{6}$
5. K $\frac{2}{10}$
6. D $\frac{6}{12}$
7. B $\frac{4}{5}$
8. J $\frac{2}{3}$
9. L $\frac{2}{12}$
10. O $\frac{6}{10}$
11. M $\frac{5}{10}$
12. A $\frac{3}{4}$
13. H $\frac{4}{8}$
14. N $\frac{5}{12}$
15. C $\frac{5}{8}$

56

Ex) $\frac{1}{3} + \frac{1}{3}$

1) $\frac{1}{5} + \frac{1}{5} + \frac{1}{5} + \frac{1}{5}$

2) $\frac{1}{8} + \frac{1}{8} + \frac{1}{8} + \frac{1}{8} + \frac{1}{8} - \frac{1}{8}$

3) $\frac{1}{8} + \frac{1}{8} + \frac{1}{8} + \frac{1}{8}$

4) $\frac{1}{10} + \frac{1}{10} + \frac{1}{10} + \frac{1}{10} + \frac{1}{10}$

5) $\frac{1}{12} + \frac{1}{12} + \frac{1}{12} + \frac{1}{12} + \frac{1}{12}$

6) $\frac{1}{4} + \frac{1}{4} + \frac{1}{4}$

7) $\frac{1}{10} + \frac{1}{10}$

8) $\frac{1}{6} + \frac{1}{6} + \frac{1}{6} + \frac{1}{6}$

9) $\frac{1}{12} + \frac{1}{12} + \frac{1}{12} + \frac{1}{12} + \frac{1}{12} + \frac{1}{12}$

10) $\frac{1}{10} + \frac{1}{10} + \frac{1}{10}$

11) $\frac{1}{12} + \frac{1}{12} + \frac{1}{12} + \frac{1}{12} + \frac{1}{12} + \frac{1}{12} + \frac{1}{12}$

12) $\frac{1}{10} + \frac{1}{10} + \frac{1}{10} + \frac{1}{10} + \frac{1}{10} + \frac{1}{10} + \frac{1}{10}$

13) $\frac{1}{8} + \frac{1}{8} + \frac{1}{8}$

14) $\frac{1}{5} + \frac{1}{5} + \frac{1}{5}$

15) $\frac{1}{6} + \frac{1}{6} + \frac{1}{6}$

Ex. D $\frac{2}{3}$
1. O $\frac{4}{5}$
2. M $\frac{7}{8}$
3. P $\frac{4}{8}$
4. G $\frac{5}{10}$
5. L $\frac{5}{12}$
6. C $\frac{3}{4}$
7. H $\frac{2}{10}$
8. K $\frac{4}{6}$
9. N $\frac{6}{12}$
10. B $\frac{3}{10}$
11. F $\frac{7}{12}$
12. E $\frac{7}{10}$
13. I $\frac{3}{8}$
14. A $\frac{3}{5}$
15. J $\frac{3}{6}$

57

Ex) $\frac{1}{6} + \frac{1}{6} + \frac{1}{6}$ A. ▯

1) $\frac{1}{12} + \frac{1}{12} + \frac{1}{12}$ B. ▯

2) $\frac{1}{3} + \frac{1}{3}$ C. ▯

3) $\frac{1}{8} + \frac{1}{8} + \frac{1}{8} + \frac{1}{8} + \frac{1}{8}$ D. ▯

4) $\frac{1}{12} + \frac{1}{12} + \frac{1}{12} + \frac{1}{12} + \frac{1}{12}$ E. ▯

5) $\frac{1}{8} + \frac{1}{8} + \frac{1}{8}$ F. ▯

6) $\frac{1}{8} + \frac{1}{8} + \frac{1}{8} + \frac{1}{8}$ G. ▯

7) $\frac{1}{4} + \frac{1}{4} + \frac{1}{4}$ H. ▯

8) $\frac{1}{5} + \frac{1}{5} + \frac{1}{5} + \frac{1}{5}$ I. ▯

9) $\frac{1}{4} + \frac{1}{4}$ J. ▯

10) $\frac{1}{10} + \frac{1}{10} + \frac{1}{10} + \frac{1}{10} + \frac{1}{10} + \frac{1}{10} + \frac{1}{10}$ K. ▯

11) $\frac{1}{12} + \frac{1}{12}$ L. ▯

12) $\frac{1}{12} + \frac{1}{12} + \frac{1}{12} + \frac{1}{12} + \frac{1}{12} + \frac{1}{12}$ M. ▯

13) $\frac{1}{4} + \frac{1}{8}$ N. ▯

14) $\frac{1}{10} + \frac{1}{10} + \frac{1}{10} + \frac{1}{10}$ O. ▯

15) $\frac{1}{4} + \frac{1}{4}$ P. ▯

Ex.	G	$\frac{3}{6}$
1.	J	$\frac{3}{12}$
2.	N	$\frac{1}{3}$
3.	D	$\frac{5}{8}$
4.	I	$\frac{5}{12}$
5.	F	$\frac{3}{8}$
6.	M	$\frac{4}{8}$
7.	A	$\frac{3}{4}$
8.	E	$\frac{4}{5}$
9.	K	$\frac{2}{4}$
10.	P	$\frac{7}{10}$
11.	O	$\frac{2}{12}$
12.	C	$\frac{6}{12}$
13.	H	$\frac{3}{8}$
14.	B	$\frac{4}{10}$
15.	L	$\frac{2}{4}$

58

Ex) $\frac{1}{8} + \frac{1}{8} + \frac{1}{8} + \frac{1}{8} + \frac{1}{8} + \frac{1}{8}$ A. ▯

1) $\frac{1}{6} + \frac{1}{6}$ B. ▯

2) $\frac{1}{3} + \frac{1}{4}$ C. ▯

3) $\frac{1}{3} + \frac{1}{3}$ D. ▯

4) $\frac{1}{2} + \frac{1}{4}$ E. ▯

5) $\frac{1}{4} + \frac{1}{4} + \frac{1}{4}$ F. ▯

6) $\frac{1}{10} + \frac{1}{10} + \frac{1}{10} + \frac{1}{10}$ G. ▯

7) $\frac{1}{8} + \frac{1}{8}$ H. ▯

8) $\frac{1}{8} + \frac{1}{8} + \frac{1}{8} + \frac{1}{8} + \frac{1}{8} + \frac{1}{8}$ I. ▯

9) $\frac{1}{12} + \frac{1}{12} + \frac{1}{12} + \frac{1}{12} + \frac{1}{12} + \frac{1}{12} + \frac{1}{12}$ J. ▯

10) $\frac{1}{8} + \frac{1}{8} + \frac{1}{8} + \frac{1}{8} + \frac{1}{8}$ K. ▯

11) $\frac{1}{6} + \frac{1}{6} + \frac{1}{6}$ L. ▯

12) $\frac{1}{6} + \frac{1}{6} + \frac{1}{6} + \frac{1}{6}$ M. ▯

13) $\frac{1}{10} + \frac{1}{10}$ N. ▯

14) $\frac{1}{10} + \frac{1}{10} + \frac{1}{10} + \frac{1}{10}$ O. ▯

15) $\frac{1}{12} + \frac{1}{12} + \frac{1}{12}$ P. ▯

Ex.	J	$\frac{2}{8}$
1.	H	$\frac{2}{6}$
2.	G	$\frac{3}{5}$
3.	A	$\frac{2}{3}$
4.	J	$\frac{2}{3}$
5.	I	$\frac{3}{4}$
6.	O	$\frac{5}{10}$
7.	C	$\frac{2}{8}$
8.	B	$\frac{6}{8}$
9.	D	$\frac{7}{12}$
10.	L	$\frac{5}{8}$
11.	N	$\frac{3}{6}$
12.	E	$\frac{4}{6}$
13.	K	$\frac{2}{10}$
14.	M	$\frac{4}{10}$
15.	P	$\frac{3}{12}$

59

Ex) $\frac{1}{12} + \frac{1}{12} + \frac{1}{12} + \frac{1}{12} + \frac{1}{12} + \frac{1}{12} + \frac{1}{12}$ A. ▯

1) $\frac{1}{12} + \frac{1}{12} + \frac{1}{12} + \frac{1}{12} + \frac{1}{12} + \frac{1}{12}$ B. ▯

2) $\frac{1}{12} + \frac{1}{12} + \frac{1}{12} + \frac{1}{12} + \frac{1}{12}$ C. ▯

3) $\frac{1}{8} + \frac{1}{8} + \frac{1}{8} + \frac{1}{8} + \frac{1}{8}$ D. ▯

4) $\frac{1}{3} + \frac{1}{3}$ E. ▯

5) $\frac{1}{12} + \frac{1}{12} + \frac{1}{12} + \frac{1}{12}$ F. ▯

6) $\frac{1}{5} + \frac{1}{5} + \frac{1}{5}$ G. ▯

7) $\frac{1}{3} + \frac{1}{3}$ H. ▯

8) $\frac{1}{6} + \frac{1}{6} + \frac{1}{6} + \frac{1}{6} + \frac{1}{6}$ I. ▯

9) $\frac{1}{6} + \frac{1}{6} + \frac{1}{6} + \frac{1}{6}$ J. ▯

10) $\frac{1}{6} + \frac{1}{6} + \frac{1}{6}$ K. ▯

11) $\frac{1}{8} + \frac{1}{8} + \frac{1}{8} + \frac{1}{8}$ L. ▯

12) $\frac{1}{10} + \frac{1}{10} + \frac{1}{10}$ M. ▯

13) $\frac{1}{10} + \frac{1}{10} + \frac{1}{10} + \frac{1}{10}$ N. ▯

14) $\frac{1}{10} + \frac{1}{10}$ O. ▯

15) $\frac{1}{4} + \frac{1}{4}$ P. ▯

Ex.	L	
1.	K	$\frac{6}{12}$
2.	I	$\frac{5}{12}$
3.	P	$\frac{5}{8}$
4.	J	$\frac{2}{3}$
5.	E	$\frac{4}{12}$
6.	N	$\frac{3}{5}$
7.	G	$\frac{2}{5}$
8.	D	$\frac{5}{6}$
9.	C	$\frac{4}{6}$
10.	H	$\frac{3}{6}$
11.	O	$\frac{4}{8}$
12.	A	$\frac{3}{10}$
13.	M	$\frac{4}{10}$
14.	F	$\frac{2}{10}$
15.	B	$\frac{2}{4}$

60

Ex) $\frac{1}{12} + \frac{1}{12} + \frac{1}{12}$ A. ▯

1) $\frac{1}{10} + \frac{1}{10} + \frac{1}{10} + \frac{1}{10} + \frac{1}{10} + \frac{1}{10}$ B. ▯

2) $\frac{1}{6} + \frac{1}{6} + \frac{1}{6} + \frac{1}{6}$ C. ▯

3) $\frac{1}{8} + \frac{1}{8} + \frac{1}{8} + \frac{1}{8}$ D. ▯

4) $\frac{1}{10} + \frac{1}{10} + \frac{1}{10}$ E. ▯

5) $\frac{1}{3} + \frac{1}{3}$ F. ▯

6) $\frac{1}{4} + \frac{1}{4} + \frac{1}{4}$ G. ▯

7) $\frac{1}{8} + \frac{1}{8} + \frac{1}{8} + \frac{1}{8} + \frac{1}{8} + \frac{1}{8}$ H. ▯

8) $\frac{1}{3} + \frac{1}{3} + \frac{1}{3}$ I. ▯

9) $\frac{1}{6} + \frac{1}{6}$ J. ▯

10) $\frac{1}{10} + \frac{1}{10} + \frac{1}{10} + \frac{1}{10} + \frac{1}{10} + \frac{1}{10} + \frac{1}{10}$ K. ▯

11) $\frac{1}{8} + \frac{1}{8} + \frac{1}{8} + \frac{1}{8} = \frac{1}{8} + \frac{1}{8} + \frac{1}{8}$ L. ▯

12) $\frac{1}{12} + \frac{1}{12} + \frac{1}{12} + \frac{1}{12}$ M. ▯

13) $\frac{1}{8} + \frac{1}{8}$ N. ▯

14) $\frac{1}{12} + \frac{1}{12}$ O. ▯

15) $\frac{1}{8} + \frac{1}{8} + \frac{1}{8}$ P. ▯

Ex.	M	$\frac{3}{12}$
1.	F	$\frac{6}{10}$
2.	C	$\frac{4}{6}$
3.	D	$\frac{4}{8}$
4.	I	$\frac{3}{10}$
5.	N	$\frac{2}{3}$
6.	G	$\frac{3}{4}$
7.	P	$\frac{6}{8}$
8.	J	$\frac{3}{3}$
9.	K	$\frac{2}{6}$
10.	E	$\frac{7}{10}$
11.	L	$\frac{7}{8}$
12.	H	$\frac{4}{12}$
13.	B	$\frac{2}{8}$
14.	O	$\frac{2}{12}$
15.	A	$\frac{3}{8}$

www.ingramcontent.com/pod-product-compliance
Lightning Source LLC
LaVergne TN
LVHW081334060426
835513LV00014B/1291